УДК 795Minecraft
К79

Довідник червоного каменю. Minecraft
Серія «Моя енциклопедія»
Original English language edition first published in 2017
under the title Minecraft. Guide to Redstone by Egmont
UK Limited, The Yellow Building, 1 Nicholas Road, London, W11 4AN, United Kingdom.

Перекладач з англійської Олексій Кондратюк
Літературний редактор Олена Родіна
Дизайнер Максиміліан Сергеєв
Головний редактор Марія Курочкіна

Довідник червоного каменю. Minecraft / Крейг Джеллі; іл. Раяна Марша та Джона Стакі;
пер. з англ. Олексія Кондратюка. – К.: АРТБУКС, 2019. – 96 с.

Віддруковано «Типографія від "А" до "Я"»
Адреса: м. Київ, вул. Колекторна, 38/40
тел.: +38 (044) 562 41 42

Видавництво «АРТБУКС»
Свідоцтво про внесення до державного реєстру видавництв ДК № 5019 від 01.12.2015
Адреса для листування: 01004, м. Київ, вул. Велика Васильківська, 13/1, оф. 200
тел.: +38 (099) 622 08 88

www.artbooks.ua
artbooks.ua
publishingartbooks

Підписано до друку 08.11.2019. Формат 64x90/16
Умовн. друк. арк. 6
Наклад 5000 прим. Зам. № 3771

АРТБУКС
видавничий дім

MOJANG

Правила онлайн-безпеки

Спілкування онлайн таке захопливе! Нагадуємо кілька простих правил,
які захистять інтернет-дозвілля дитини від стороннього втручання.

Попередьте дітей, щоб вони:
- не повідомляли свого справжнього імені
  та не використовували його як нікнейм;
- не надавали нікому жодних особистих даних;
- нікому не розповідали, з якої вони школи чи скільки їм років;
- нікому, за винятком батьків чи опікунів, не повідомляли свого пароля.

Майте на увазі, що для створення акаунта на більшості сайтів дитині має
виповнитися 13 років. Тож діти мають дізнатися про політику сайту та спитати
дозволу батьків чи опікунів, перш ніж реєструватися на ньому. Якщо виникла
підозріла ситуація, діти мають обов'язково повідомити батьків чи опікунів.
Будь-який згаданий у книзі веб-сайт був чинним на час підготовки до друку.
Видавництво «АРТБУКС» не є відповідальним за контент, розміщений третіми
особами. Контент може змінюватися, а вебсайти можуть розміщувати матеріали,
неприйнятні для дітей. Радимо батькам контролювати їхню інтернет-активність.

MOJANG

MINECRAFT

ДОВІДНИК
ЧЕРВОНОГО КАМЕНЮ

ЗМІСТ

ВСТУП • 5

1. ОСНОВИ

У ПОШУКАХ ЧЕРВОНОГО КАМЕНЮ • • • • • • • • • • • • • • 8–11
ДЖЕРЕЛА ЖИВЛЕННЯ З ЧЕРВОНОГО КАМЕНЮ • • • • • • 12–19
ЗАСТОСУВАННЯ • 20–27
ВИХІДНІ ПРИСТРОЇ • 28–37

2. ПРОСТІ СХЕМИ

ЦИКЛІЧНА СХЕМА • 40–47
ІМПУЛЬСНА СХЕМА • 48–55
ВЕРТИКАЛЬНА ПЕРЕДАЧА • • • • • • • • • • • • • • • • • • 56–63

3. ВЕЛИКІ КОНСТРУКЦІЇ

ЛІФТ НА ПЛАТФОРМІ • 66–71
ПРИСКОРЮВАЧ ЕЛІТРИ • 72–77
ПОРШНЕВА ПАСТКА • 78–83
АВТОМАТИЗОВАНИЙ ЦЕХ • • • • • • • • • • • • • • • • • • 84–89
МАЯК ІЗ ЧЕРВОНОГО КАМЕНЮ • • • • • • • • • • • • • • 90–93
ПІСЛЯМОВА • 94–95

ВСТУП

Вітаємо! У тебе в руках наш довідник червоного каменю, який містить відповіді на всі запитання про електроніку у світі Minecraft. Прокладаючи дроти з подрібненого червоного каменю і додаючи кілька простих елементів, можна створювати складні комп'ютери або хитрі замки, катапультувати людей і ловити неслухняних мобів. Червоний камінь – потужний і багатофункціональний. Він настільки універсальний, що навіть ми часто з подивом спостерігаємо за витворами фанатів, чи то йдеться про програми для піксельних зображень, чи гігантських роботів. Сподіваємося, довідник спонукатиме тебе до нових звершень, приголомшливих у своїй досконалості!

МАРШ ДЕВІС,
КОМАНДА MOJANG

1

ОСНОВИ

Перш ніж починати будівництво дивовижних винаходів, ми розглянемо елементи червоного каменю, їхні функції, а також їхнє застосування у найпростіших конструкціях, доступних навіть для новачка. Вивчення основ є запорукою того, що з часом ти станеш справжнім фахівцем із червоного каменю і створюватимеш неймовірні механізми.

У ПОШУКАХ ЧЕРВОНОГО КАМЕНЮ

Червоний камінь – загадковий матеріал, що використовується для живлення механізмів і пасток. У необробленому вигляді це руда, що залягає під поверхнею, її можна видобути і подрібнити на пил. Червоний пил є основою всіх схем із червоного каменю, а також важливою складовою для виготовлення багатьох механізмів.

МІСЦЯ ЗАЛЯГАННЯ ЧЕРВОНОГО КАМЕНЮ

У його пошуках варто звернути увагу на окремі локації Верхнього світу. Нижче вказано, де саме трапляється червоний камінь.

РУДА ЧЕРВОНОГО КАМЕНЮ

ЧЕРВОНИЙ ПИЛ

1 Червоний пил можна знайти в лісових маєтках, хоча скрині, в яких він лежить, охороняють смертельно небезпечні злобивателі.

ПІДКАЗКА

Якщо видобувати руду червоного каменю за допомогою кайла, зачарованого на шовковий дотик, вона випаде сама. Щоб отримати червоний пил, достатньо розплавити блок руди в печі.

2 Поборовши відьму, ти отримаєш до шести одиниць червоного пилу. Відьом вистежуй на болотах.

3 Скрині з червоним пилом є і в інших генерованих структурах: їх можна знайти у скарбницях, фортецях та покинутих шахтах.

4 Руда червоного каменю генерується під землею, у межах від 1 до 16 блоків від корінної породи. Під час видобування з кожного блока руди випадають 4–5 одиниць червоного пилу.

ЧЕРВОНИЙ ПИЛ

То яка ж у червоного пилу функція? Він передає сигнал від джерела живлення до елемента з червоного каменю, що використовується практично в усіх можливих механізмах і схемах. Він і справді дуже ужитковий!

На поверхню землі червоний пил лягає рівною смугою і спершу має темне забарвлення. В активованому стані він стає яскраво-червоним і випромінює часточки. Під напругою сигнал передається на відстань щонайбільше 15 блоків, потім його доводиться підживлювати іншим джерелом.

НЕАКТИВНИЙ

АКТИВОВАНИЙ

ХАРАКТЕРИСТИКИ ЧЕРВОНОГО ПИЛУ

Червоний пил взаємодіє з іншим червоним пилом на сусідніх блоках, розтягуючись і з'єднуючись із ним.

Якщо червоний пил розташувати збоку від наявної лінії, то вона піде вбік, утворюючи поворот.

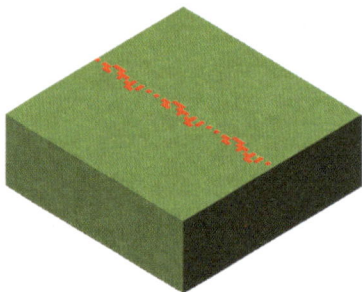

Якщо червоний пил розташувати обабіч наявної лінії, то утвориться розгалуження, що спрямовуватиме сигнал у різні напрямки.

Розгалужений сигнал можна повернути у відправну точку і замкнути за допомогою більшої кількості пилу, утворюючи контур.

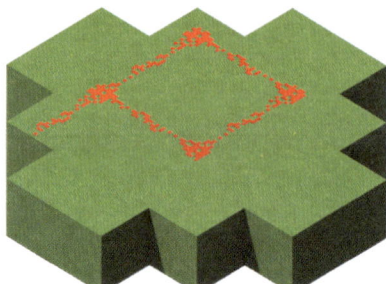

Щоб створити ґратку, помісти додаткову кількість пилу всередину контуру. Ґратка одночасно може підживлювати кілька блоків.

Червоний пил може з'єднуватися з пилом, розташованим на блоках вище або нижче. Це дозволяє утворювати різнорівневі контури, вигини чи ґратки.

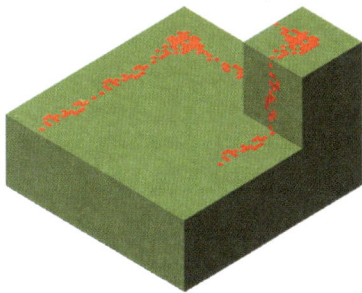

ТАКТИ І ВІДЛІК ЧАСУ

Плин часу в світі Minecraft вимірюється «тактами». Кожна секунда реального часу – це 20 тактів гри. На сторінках цієї книжки тобі часто траплятимуться слова «червоний такт», або просто «такт». Сигнал червоного каменю становить 10 «червоних тактів» на секунду. Тобі необов'язково занурюватися у принципи його дії, але що нижча кількість тактів, то швидше передається сигнал.

ЖИВЛЕННЯ ТА ІНТЕНСИВНІСТЬ

На сторінках цієї книги ми ще неодноразово повертатимемося до інтенсивності сигналів. Інтенсивність варіюється від 1 (найнижча) до 15 (найвища). Інтенсивність сигналу залежить від задіяного джерела живлення. Згодом ти дізнаєшся набагато більше про те, які джерела живлення генерують ті або інші сигнали, а також про те, як можна змінювати їхню інтенсивність.

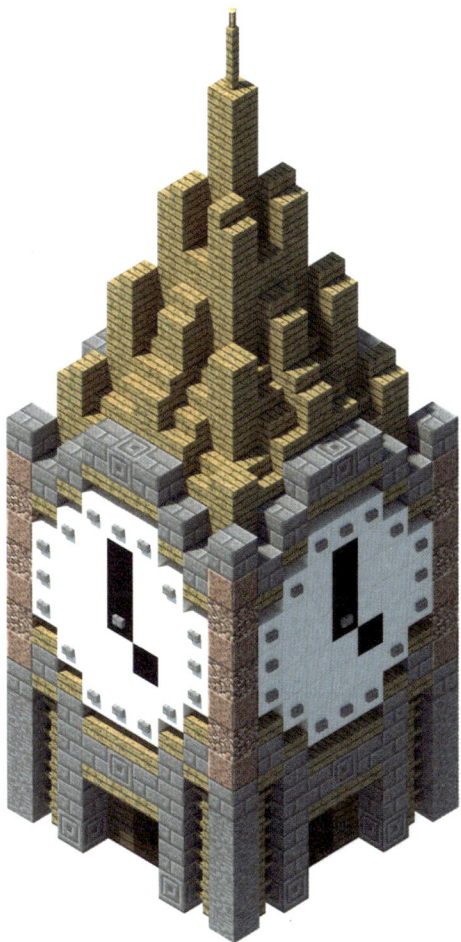

ДЖЕРЕЛА ЖИВЛЕННЯ З ЧЕРВОНОГО КАМЕНЮ

Живити схему можна по-різному. У кожного джерела живлення є своя потужність сигналу і принципи взаємодії з іншими компонентами з червоного каменю. Серед запропонованих варіантів обирай той, що відповідатиме саме твоєму задуму.

РУЧНІ ВИМИКАЧІ

Найпростішими джерелами живлення у світі Minecraft є кнопки й важелі, які легко виготовити з дерева чи каменю. Гравець активує їх вручну, але навіть на простому рівні у них є свої особливості, найбільш придатні для конкретних типів споруд.

Ось найпростіший спосіб використання кнопки. Розташована поруч із залізними дверима, кнопка надсилає сигнал крізь твердий блок. Вона спрацьовує під час натискання, відчиняючи на якийсь час двері.

КНОПКА

Кнопку можна виготовити з одного блока каменю або дощок. Під час натискання вона надсилає короткотривалий сигнал максимальної потужності. Кнопку розташовують у будь-якій точці твердого блока.

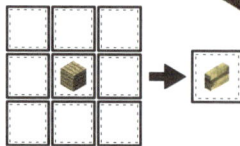

СХЕМА КНОПКИ

ВАЖІЛЬ

Виготовлений з палиці й брукового каменю, важіль також надсилає сигнал максимальної потужності. Втім, на відміну від кнопок, цей вимикач є переривчастим джерелом, тобто щоразу після натискання важеля сигнал перериватиметься.

СХЕМА ВАЖЕЛЯ

На малюнку показано важіль, який під час натискання відчиняє люк на сусідньому блоці. Люк буде відчиненим доти, доки на важіль не натиснути повторно.

АКТИВАТОРИ ПАСТОК

Ці джерела живлення ідеально згодяться гравцям, які полюбляють влаштовувати підступні пастки. Більшість із цих пасток не здаються небезпечними, а деякі взагалі непомітні, саме тому вони ідеальні. Жертва не здогадається, що активувала хитромудру схему пастки, аж поки не стане надто пізно.

НАТИСКНІ ПЛАСТИНИ

Натискні пластини виготовляються з дерева чи каменю і часто використовуються у звичайних спорудах без будь-яких пасток. Пластина надсилає короткотривалий сигнал максимальної потужності крізь тверді блоки чи елементи червоного каменю. Вона активуватиметься, коли на неї наступить гравець або моб, а дерев'яна пластина надсилатиме сигнал ще й тоді, коли на неї кидають предмет.

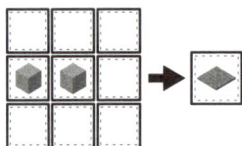

СХЕМА НАТИСКНОЇ ПЛАСТИНИ

Посилені натискні пластини корисні в міні-іграх, оскільки змушують гравців використовувати надлишковий інвентар, створюючи таким чином рівні умови для всіх.

У цій споруді кам'яна пластина за допомогою червоного пилу під'єднана до дверей і автоматично відчиняє їх при наближенні гравця.

ПОСИЛЕНІ НАТИСКНІ ПЛАСТИНИ

Посилені натискні пластини бувають легкі (із золотих зливків) та важкі (із залізних зливків). Сила сигналу, який така пластина надсилає, залежить від кількості покладених на неї «об'єктів» (це можуть бути як самі гравці, так і моби й предмети). Для максимальної потужності сигналу легкій пластині необхідно 57 предметів, тоді як важкій пластині для цього потрібно щонайменше 598 предметів.

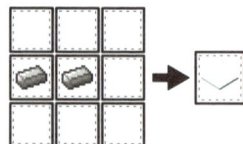

СХЕМА ПОСИЛЕНОЇ НАТИСКНОЇ ПЛАСТИНИ (ВАЖКОЇ)

РОЗТЯЖКА

Практично невидима розтяжка – це напрочуд хитрий спосіб активувати пастку. З'єднані ниткою перемикачі можуть бути розташовані на відстані щонайбільше 40 блоків. Коли розтяжку зачіпає моб або гравець, кожен перемикач надсилає максимальний сигнал до сусідніх блоків.

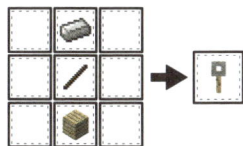

Розтяжки під час активації не ламаються, тож їх можна неодноразово використовувати проти гравців і мобів. Саме тому розтяжка є ідеальною складовою системи безпеки. Під'єднай її до ламп із червоного каменю, щоб отримувати сповіщення про несподіване вторгнення на свою територію.

СХЕМА ПЕРЕМИКАЧА

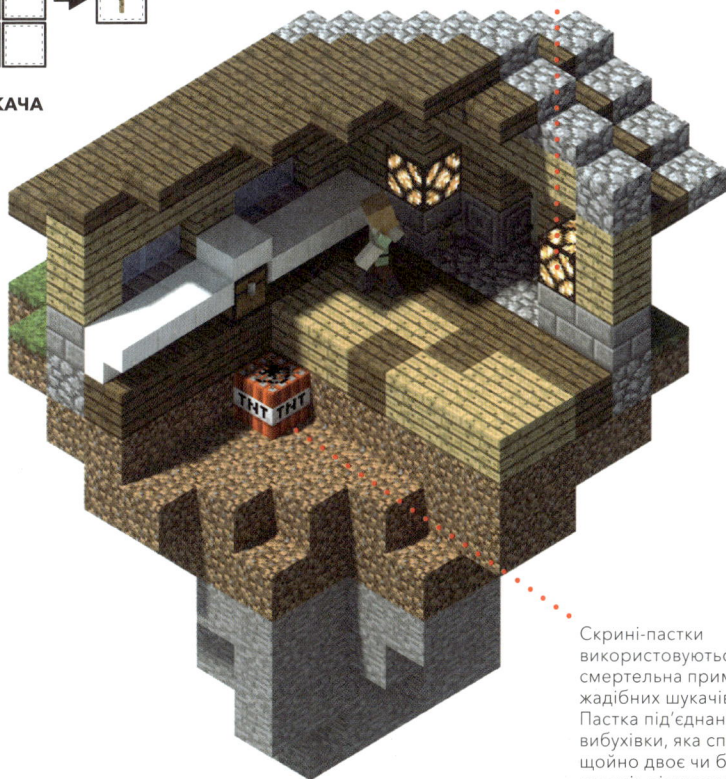

Скрині-пастки використовуються як смертельна приманка для жадібних шукачів скарбів. Пастка під'єднана до вибухівки, яка спрацює, щойно двоє чи більше гравців відчинять скриню, і знищить і саму скриню з її вмістом, і гравців.

СКРИНЯ-ПАСТКА

Така пастка майже не відрізняється від звичайної скрині, за винятком червоної стрічки навколо замка. Її можна використовувати як звичайну скриню для зберігання, оскільки всі пастки з червоного каменю неактивні, якщо їх не чіпати. Потужність сигналу залежить від кількості гравців, що зазирають у скриню, – що більше людей намагаються забрати її вміст, то сильнішим буде сигнал.

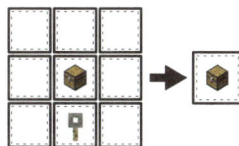

СХЕМА СКРИНІ-ПАСТКИ

ПОСТІЙНІ АКТИВАТОРИ

У деяких ситуаціях тобі знадобиться джерело постійного живлення, яке надсилає сигнал без зовнішнього втручання. Саме тоді й стають у пригоді постійні активатори. Вони завжди увімкнені або ж змінюють свій сигнал залежно від зовнішніх чинників. Нижче інструкція з їхнього найефективнішого використання.

СМОЛОСКИП ІЗ ЧЕРВОНОГО КАМЕНЮ

Окрім функції освітлення, смолоскип із червоного каменю також надсилає сигнал максимальної потужності (15 одиниць). Смолоскипи можна використати у схемах із червоного каменю так, щоб вони були постійно вимкнені, а не навпаки.

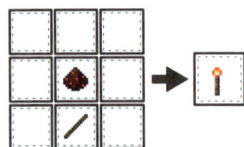

Якщо під червоним смолоскипом розмістити ще один, перший смолоскип отримає сигнал про інверсію й вимкнеться. Щоб підживити обидва блоки, помісти смолоскип на боковій частині блока в центрі.

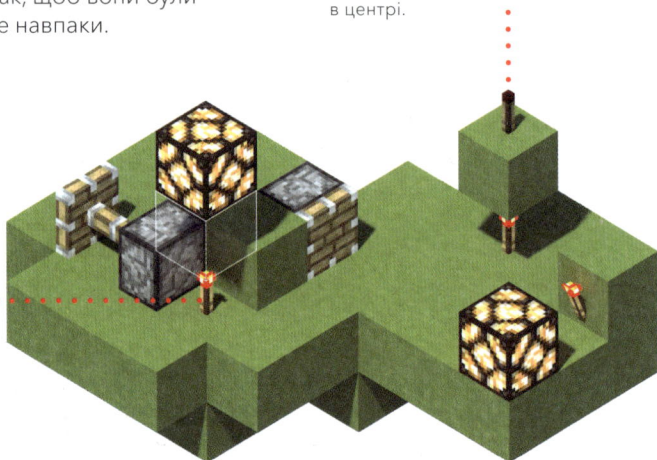

СХЕМА СМОЛОСКИПА

На малюнку показано, як поширюється сигнал від смолоскипа з червоного каменю. Він може проходити крізь твердий блок зверху або живити дотичні елементи з червоного каменю, проте не може проходити крізь сусідній твердий блок.

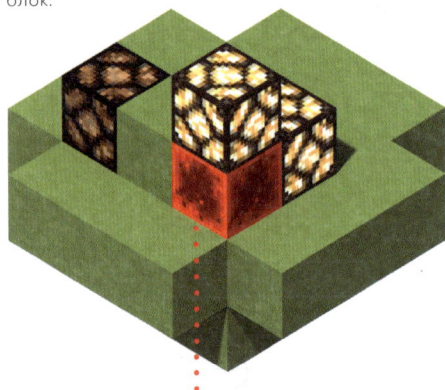

БЛОК ЧЕРВОНОГО КАМЕНЮ

Блок червоного каменю можна зробити з 9 частин червоного пилу або ж знову розібрати на ті ж 9 частин. Зберігати червоний пил зручніше у блоках — так він займає менше місця в інвентарі. Активований блок живить елементи червоного каменю на всіх дотичних блоках, а також деякі механізми (двері та поршні).

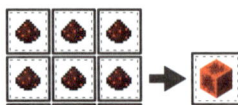

Цей блок постійно живить дві лампи з червоного каменю, одну зверху й іншу збоку. Блок червоного каменю не надсилатиме сигналів крізь сусідні тверді блоки і вимикатиме всі інші джерела енергії (наприклад, смолоскипи).

СХЕМА БЛОКА ЧЕРВОНОГО КАМЕНЮ

СЕНСОРИ ДЕННОГО СВІТЛА

Сенсори денного світла виробляють енергію різної потужності, залежно від рівня сонячного освітлення – удень більше, ввечері менше, до того ж на це впливає і погода. Сенсори можна інвертувати, з'єднавши з блоком, – так у сутінках вони вироблятимуть більше енергії.

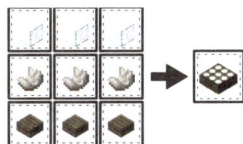

СХЕМА СЕНСОРІВ ДЕННОГО СВІТЛА

Сенсори денного світла зручні для створення автоматичних систем освітлення. Ця кімната обладнана двома сенсорами на даху (звичайним та інвертованим), які під'єднані до ламп із червоного каменю. Принаймні одна з ламп горітиме цілодобово.

17

НАГЛЯДАЧІ

Блок-наглядач, найновіше поповнення у переліку об'єктів із червоного каменю, надсилає сигнал щоразу, коли виявляє зміни в блоці, за яким «наглядає». Він може повністю замінити ДОБ-механізм (детектор оновлення блока), який досить складний і виявляє значно ширший спектр оновлень.

ТОРЦІ НАГЛЯДАЧА

У наглядача є два функціональних торці – торець спостереження, який відстежує розташований попереду блок, і вихідний торець, що надсилає сигнал у протилежному напрямку. Для спостереження за блоками наглядачів можна розташовувати у будь-якому напрямку.

Наглядач складається з брукового каменю, червоного пилу і кварцу Нижнього світу. На нього не впливають сторонні елементи з червоного каменю, тож, на відміну від смолоскипів, наглядача інвертувати неможливо. Також активований наглядач надсилатиме максимальний сигнал.

ТОРЕЦЬ СПОСТЕРЕЖЕННЯ

ВИХІДНИЙ ТОРЕЦЬ

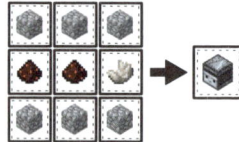

СХЕМА НАГЛЯДАЧА

ВАРІАЦІЇ ВЖИТКУ

То що саме виявляє блок-наглядач? З-поміж іншого, він відстежує активацію силових рейок, роботу поршнів, розростання (або ж зникнення) трави на ґрунті. Якщо спрямувати наглядач на сенсор денного світла, він подаватиме сигнал щоразу при зміні дня і ночі.

ВИМКНЕНИЙ НАГЛЯДАЧ

УВІМКНЕНИЙ НАГЛЯДАЧ

ОНОВЛЕННЯ НАГЛЯДАЧІВ

Наглядачів можна пересувати в межах схеми. Коли поршень штовхає або тягне наглядача, це вважатиметься оновленням блока, але сигнал буде активним лише після того, як наглядач дістанеться нової позиції.

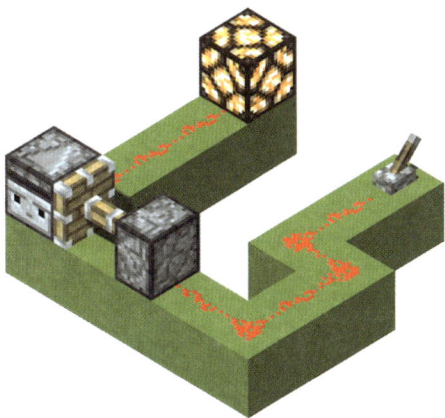

ДОБ-МЕХАНІЗМ

Для оновлень, які неможливо виявити за допомогою наглядача, знадобиться детектор оновлення блока. Він може контролювати виплавку в печі, зміни напруги в схемах, встановлення або знищення блоків (як це показано на прикладі верстака).

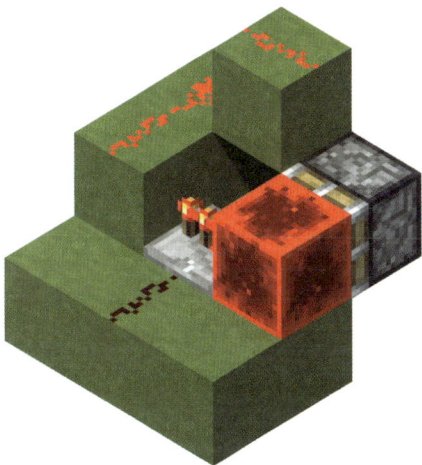

19

ЗАСТОСУВАННЯ

Ми дізналися, що існує безліч способів активувати схему й сигнал, проте це лише дещиця того, що можна зробити з червоним каменем. Блоки, які ми розглянемо в цьому розділі, змінюють потужність і потік сигналу, задають швидкість його поширення і навіть впливають на елементи не з червоного каменю.

ПОВТОРЮВАЧІ

Ти вже знаєш, як за допомогою різних джерел живлення вмикати схеми, а тепер розгляньмо, як за допомогою блоків застосувати ці схеми для власних потреб. Найперше, що тобі потрібно, це повторювач із червоного каменю (на малюнку праворуч).

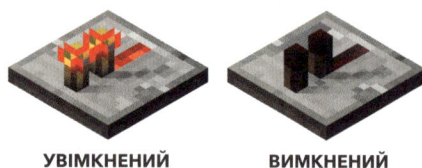

УВІМКНЕНИЙ   **ВИМКНЕНИЙ**

ФУНКЦІЇ ПОВТОРЮВАЧІВ

1

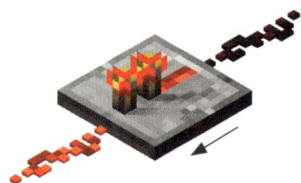

Повторювачі посилюють сигнали червоного каменю до максимуму.

2

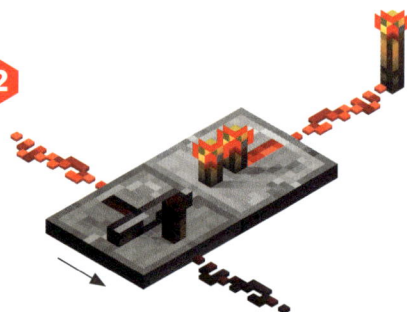

Їх можна поєднувати з іншими повторювачами для створення «замків» у схемах.

3

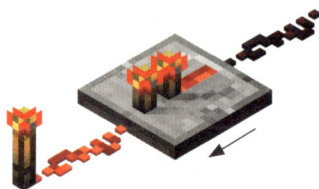

Завдяки повторювачу в схемі сигнал рухається лише в одному напрямку.

4

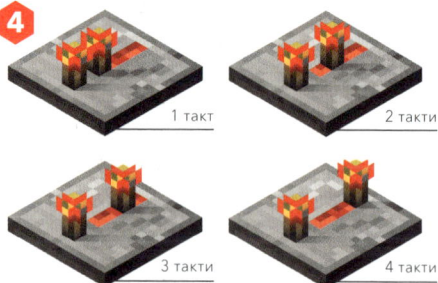

1 такт   2 такти

3 такти   4 такти

Повторювач затримує сигнал на 1—4 такти залежно від обраного налаштування.

ЗАСТОСУВАННЯ ПОВТОРЮВАЧІВ

Розгляньмо, як застосовувати кожну з цих функцій для створення схеми під кожне конкретне завдання. На наступних сторінках ти побачиш, як функції повторювачів використовуються в роботі різних пристроїв.

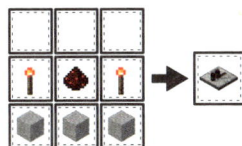

СХЕМА ПОВТОРЮВАЧА

1 ПІДСИЛЕННЯ

Розташуй повторювач на п'ятнадцятому блоці у схемі, коли потужність сигналу спадає до мінімуму (1), і повторювач знову посилить сигнал до максимального значення (15).

2 БЛОКУВАННЯ

Обидві лампи вмикаються одним важелем. Коли один із бокових повторювачів вмикається від лівого важеля, він блокує інший повторювач і сигнал, що надсилається до лампи.

3 ОДНОСТОРОННІЙ РУХ

Коли схема активована і важіль натиснутий, сигнал залишається в лівій частині схеми. Завдяки цьому один поршень пересуває інший у попереднє положення. Повторювачі перешкоджають сигналу рухатися праворуч.

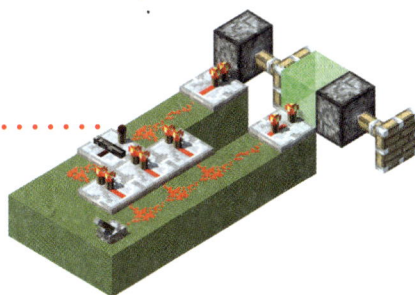

4 ФУНКЦІЯ ЗАТРИМКИ

Після натискання важеля першою загоряється лампа праворуч. На схемі, що веде до лампи ліворуч, є повторювач, налаштований на 4 такти. Він затримує сигнал, забезпечуючи почергове увімкнення.

КОМПАРАТОРИ З ЧЕРВОНОГО КАМЕНЮ

Компаратор – це пристрій, що порівнює до трьох сигналів із червоного каменю і відповідним чином про них сповіщує. На верхній грані цього блока є три смолоскипи і стрілка, що вказує напрямок вихідного сигналу. Смолоскипи на задній панелі блока показують наявність вихідного сигналу, а смолоскип на передній панелі визначає його «режим».

У компаратора є два режими, які можна змінювати під час роботи з цим блоком. Якщо смолоскип не горить, компаратор працює в режимі порівняння потужності сигналів, що надходять від задньої панелі до бокових входів. Якщо ж смолоскип горить, то компаратор працює в режимі віднімання, тобто сигнали бокових входів віднімаються від потужності сигналу задньої панелі.

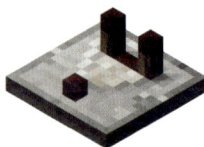

РЕЖИМ ПОРІВНЯННЯ   **РЕЖИМ ВІДНІМАННЯ**

ФУНКЦІЇ КОМПАРАТОРА

1

Компаратор підтримує вхідний сигнал і надсилає сигнал такої ж потужності.

2

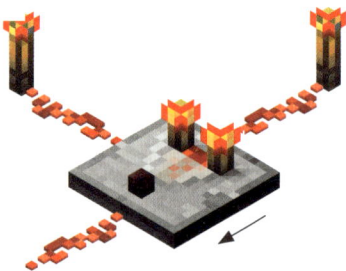

Компаратор порівнює сигнал від задньої панелі з сигналом, що проходить крізь бокову панель.

3

У режимі віднімання компаратор надсилає сигнал, що дорівнює вхідному (із задньої панелі) мінус боковий.

4

Компаратор визначає ступінь наповненості скрині й надсилає відповідний сигнал.

ЗАСТОСУВАННЯ КОМПАРАТОРІВ

Компаратор – так само корисний
і багатофункціональний пристрій,
як і повторювач. Ось кілька наочних
прикладів застосування компаратора.
Далі ти дізнаєшся і про інші функції цього
пристрою.

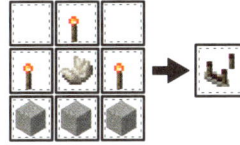

СХЕМА КОМПАРАТОРА

1 ЗАБЕЗПЕЧЕННЯ СИГНАЛУ

Компаратор і повторювач розта-
шовані на аналогічних позиціях
у паралельній схемі. Компаратор
не посилює сигнал, що обмежує
зону його дії, тому лампа з черво-
ного каменю, розташована на цій
лінії, вимкнена.

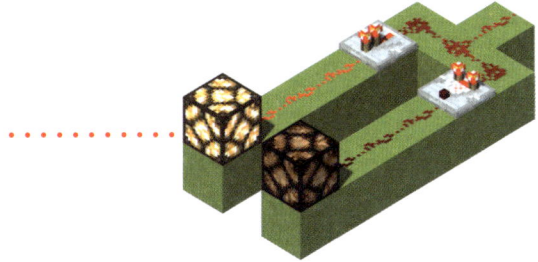

2 ПОРІВНЯННЯ СИГНАЛІВ

Якщо сигнал, що надходить до бо-
кової панелі, слабший за сигнал від
задньої панелі, то він зберігається
і виводиться через передню панель.
Якщо ж сигнал бокової панелі
сильніший, то він не виводиться.
Пристрій може порівнювати до
двох бокових сигналів – по одному
з кожного боку компаратора.

Боковий сигнал
сильніший

Боковий сигнал
слабший

3 ВІДНІМАННЯ СИГНАЛУ

У режимі віднімання потужність
бокового сигналу віднімається
від сигналу задньої панелі, тож
на вихід виводиться послаблений
сигнал, і лампа не вмикається.
Пристрій може «скорочувати»
до двох бокових сигналів,
по одному з кожного боку.

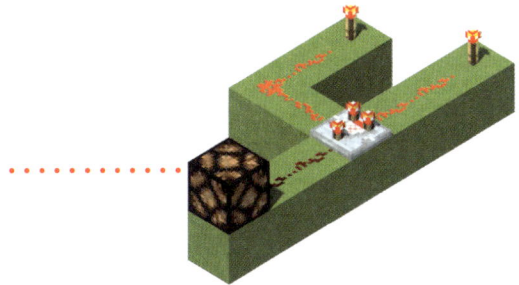

4 ВИМІРЮВАННЯ НАПОВНЕНОСТІ

На цих схемах компаратори вимі-
рюють ступінь наповненості кожної
скрині. Якщо скриня наповнена
вщерть, компаратор надсилатиме
сигнал максимальної потужності.
Якщо скриня порожня, пристрій
взагалі про це не сигналізуватиме.

Наповнена

Наповнена
наполовину

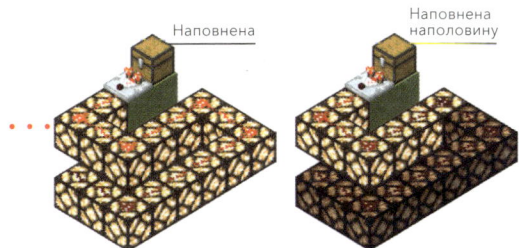

ПОРШНІ, ЛИПКІ ПОРШНІ ТА БЛОКИ СЛИЗУ

Тепер, коли ми розібрали принципи роботи схем із червоного каменю, перейдемо до того, як ці схеми можуть взаємодіяти з іншими блоками. За допомогою поршнів та слизу твої схеми штовхатимуть, тягнутимуть, волочитимуть і навіть підкидатимуть блоки.

ПОРШЕНЬ

Початкова функція поршня – фізично пересувати блоки в межах схеми. Під час увімкнення робоча частина поршня висувається й штовхає блок на відстань одного проміжку. Коли сигнал вимикається, робоча частина повертається до вихідної позиції.

ВИМКНЕНИЙ   **УВІМКНЕНИЙ**

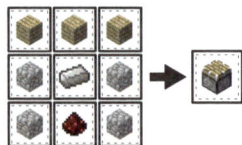

СХЕМА ПОРШНЯ

ЛИПКИЙ ПОРШЕНЬ

Поршень може одночасно штовхати до 12 блоків. Липкий поршень ще зручніший – висуваючись, він прилипає до блоків, а втягуючись, тягне їх за собою, як це показано на малюнку.

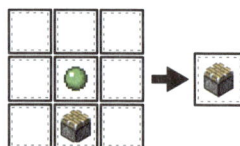

СХЕМА ЛИПКОГО ПОРШНЯ

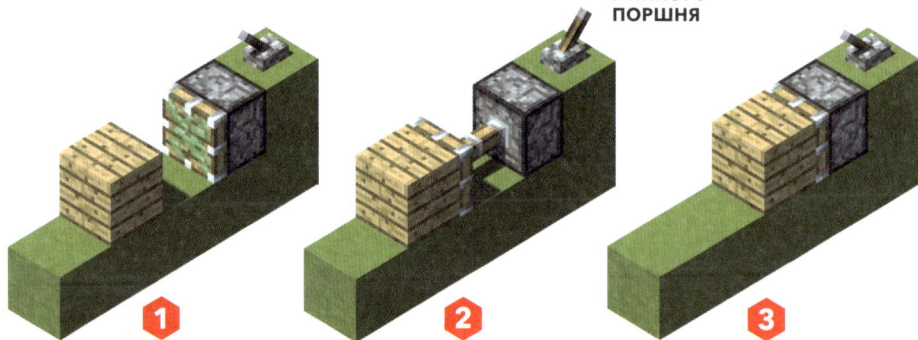

БЛОК СЛИЗУ

Створені зі слизу блоки можна застосовувати для пересування інших блоків у схемах. За своїми характеристиками блоки слизу схожі на прозорі, але на відміну від останніх на них можна ставити інші блоки.

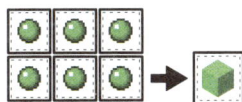

СХЕМА БЛОКА СЛИЗУ

А ще блоки слизу драглисті! Їх можна застосовувати як основу для підкидання предметів чи структур у повітря або, у поєднанні з поршнями, для створення потужних тяглових механізмів.

Липкість слизу дозволяє підчіпляти, штовхати і підіймати сусідні блоки (за умови, що їх не більше 12). Оскільки блок слизу може підчіпляти інші блоки усіма своїми площинами, то, з'єднаний із поршнем, він надає значно більше можливостей, ніж звичайний липкий поршень.

ОБСИДІАН

У світі Minecraft є блоки, що мають надзвичайно високу вибухостійкість, або такі, які неможливо пересунути поршнем чи блоком слизу. Обсидіан відповідає обом цим характеристикам і саме тому стає незамінним інструментом для роботи з червоними схемами.

ДО

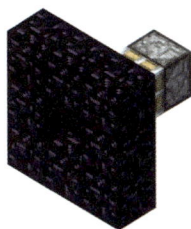

ПІСЛЯ

ДО

ПІСЛЯ

Обсидіан особливо корисний для створення пристроїв із червоного каменю, в яких поршні чи блоки слизу ризикують зачепити критично важливий елемент схеми. На малюнку вище показано, що стається з обсидіаном, якщо використовувати його замість глини та слизу.

ТАЄМНИЙ ПРОХІД ІЗ ПОРШНЕМ

Наразі ми вже розглянули достатньо елементів із червоного каменю, тож настав час для створення нашої першої конструкції – таємного проходу, що відривається липкими поршнями. Ним можна замаскувати вхід до схованки зі скарбами або до таємної шахти.

1 Ти можеш облаштувати таємний прохід у будь-якій зі своїх кімнат – просто видали ряд наріжних блоків, що з'єднують дві стіни, як це показано на малюнку.

2 На одній зі стін розташуй кнопку (на висоті 3 блоків від землі і за 2 блоки вбік від перпендикулярної стіни). Можна встановити і важіль, але тоді прохід залишатиметься відчиненим навіть після того, як ти туди зайдеш.

3 На зовнішньому боці стіни з кнопкою встанови твердий блок із червоним пилом на поверхні. Він має бути на висоті одного блока від землі, тобто на блок нижче за кнопку.

6 Коли знаєш, де буде вхід, можна облаштувати таємні проходи до інших кімнат, прихованих поверхів чи маршрутів відступу попід будівлею.

5 Механізм готовий! Натиснувши кнопку, ти активуєш червоний пил по інший бік стіни, а той у свою чергу інвертує смолоскип і деактивує поршень. Поршні відтягнуть стінні блоки і відчинять прохід.

4 Встанови перед твердим блоком смолоскип, а збоку – два липкі поршні, повернуті до стіни й вертикально один над одним. Поршні миттєво увімкнуться і, висунувшись, торкнуться стіни.

ВИХІДНІ ПРИСТРОЇ

Ти вже вмієш живити червоні схеми і контролювати їхню роботу, тож тепер розглянемо, які саме предмети ти можеш отримати й використати за допомогою механізмів з червоного каменю.

РОЗДАВАЧІ, ВИКИДАЧІ Й ВАНТАЖНІ ВОРОНКИ

До першої групи виробничих блоків належать роздавачі, викидачі й вантажні воронки. Усі вони мають місце для накопичення інвентарю й можуть викидати предмети у різний спосіб і з різною метою.

РОЗДАВАЧ

Цей пристрій складається з брукового каменю, лука і червоного пилу й може викидати предмети з отвору на передній панелі. Роздавач може утримувати 9 предметів і викидатиме їх в увімкненому стані.

Роздавач активується один раз після затримки в 2 такти, тож для повторної дії його доводиться ще раз активувати — вручну або за допомогою схеми. Крім того, під час повторної активації відбувається однотактна затримка, тож швидкої роздачі досягти непросто.

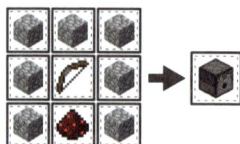

СХЕМА РОЗДАВАЧА

Роздавачі можуть ставити вагонетки на рейки, розташовувати блоки на кшталт гарбузів-світильників, а за допомогою вогняних куль стріляти вогняними стрілами.

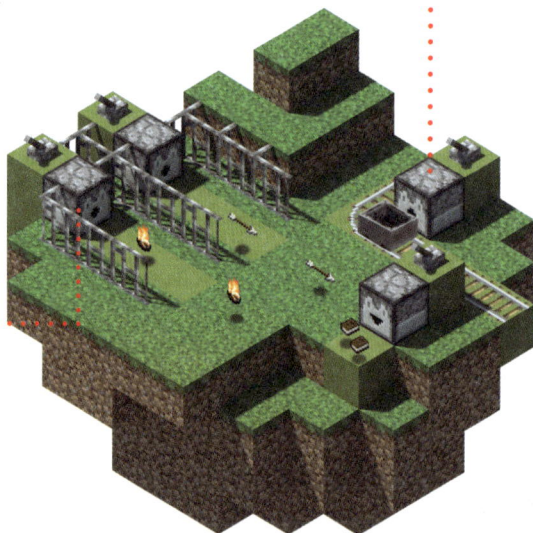

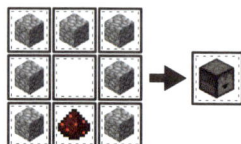

ВИКИДАЧ

Пристрій названо саме так, бо в цьому й полягає його проста функція — викидати предмети з інвентаря. На відміну від роздавача, він не може їх активувати, а просто викидає вперед.

СХЕМА ВИКИДАЧА

І роздавач, і викидач мають спеціальний інтерфейс для зберігання предметів. У кожного з цих пристроїв є 9 слотів для речей, проте обрати слот для звільнення неможливо. Якщо в слотах кілька типів предметів, для викидання буде обрано випадковий. У вантажної воронки кількість слотів менша – їх лише п'ять.

СЛОТИ РОЗДАВАЧА/ ВИКИДАЧА

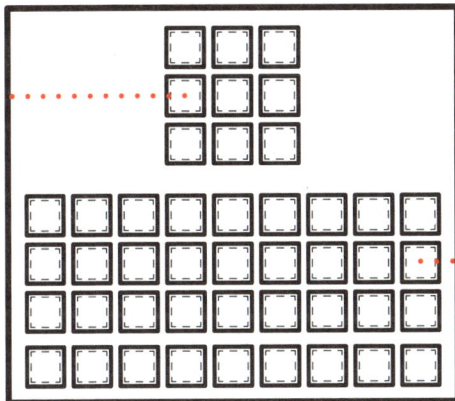

ІНВЕНТАР

ВАНТАЖНА ВОРОНКА

Воронка подібна до викидача, оскільки може лише рухати предмети. У воронки є унікальна функція, завдяки якій вона може перекидати предмети з одного об'єкта на інший. Таким чином можна збирати дроп із переповненої мобами печери або переносити предмети між скринями.

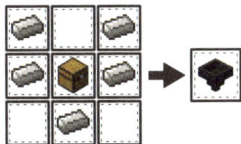

СХЕМА ВАНТАЖНОЇ ВОРОНКИ

ПРЯМА ПОДАЧА

БОКОВА ПОДАЧА

Воронки вмикаються і вимикаються, але в неактивному стані цей пристрій завжди буде увімкненим. Коли воронка увімкнена, предмети падатимуть у неї і крізь трубку потраплятимуть усередину, або просто нагромаджуватимуться, якщо пристрій вимкнено. Зазвичай вихідна трубка спрямована донизу, але її можна приєднати до бокової сторони предмета, якщо треба зробити це непомітно.

29

АВТОМАТИЧНИЙ ФЕЄРВЕРК

Тепер ми застосуємо набуті знання про роздавачі для створення чудового автоматичного феєрверка. У цій схемі також будуть задіяні повторювачі, які затримуватимуть сигнали до певних роздавачів, створюючи каскадні залпи.

1 Спочатку розташуй на відстані блока 5 роздавачів, спрямувавши їх догори. Таким чином до кожного роздавача вестиме окрема смужка червоного пилу.

СХЕМА ЗІРОЧКИ

2 Заповни кожен роздавач ракетами. Ракети виготовляються із зірочок, пороху й паперу. Колір феєрверка залежить від кольору зірочки, а його можна змінювати за допомогою барвників.

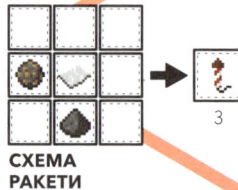

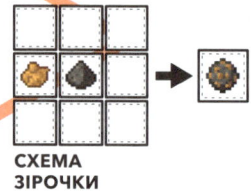

СХЕМА РАКЕТИ

3

3 Тепер проклади червоний пил. Від кожного роздавача має тягнутися одна лінія, з'єднана з горизонтальною смугою, що утворює невелику паралельну схему.

6 Настав час помилуватися феєрверком! Натисни кнопку, щоб роздавачі почали викидати вгору залпи. Поекспериментуй із різними типами феєрверків, затримками і кількістю повторювачів для створення унікальної послідовності.

5 Для створення каскадного феєрверка встанови повторювачі на чотирьох лініях із п'яти й на кожному з них встанови необхідну кількість тактів затримки.

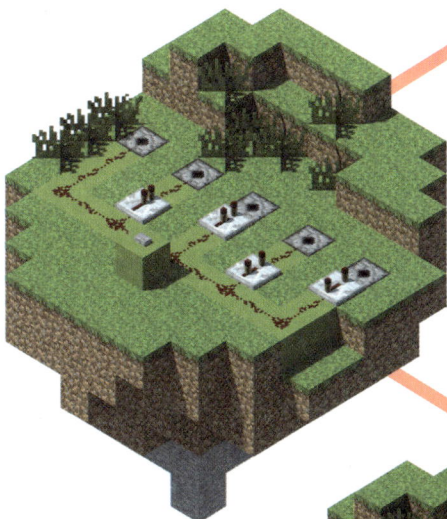

4 Розташуй на блоці біля горизонтальної смуги будь-який ручний активатор (кнопку, важіль). Пам'ятай, що роздавач перед перезапуском необхідно деактивувати, тож постійні активатори на кшталт смолоскипа тут не спрацюють.

АКТИВАЦІЙНІ, СИЛОВІ Й НАТИСКНІ РЕЙКИ

У світі Minecraft існує ціла низка спеціальних рейок, які можна задіяти в червоних схемах. Ці рейки охоплюють увесь той спектр функцій, які ми вже розглянули, — подають сигнал, визначають ступінь наповненості та взаємодіють із вагонеткою, яка по них проходить.

НАТИСКНА РЕЙКА

Ця рейка функціонує так само, як і натискна пластина – вона надсилає сигнал сусіднім блокам та іншим елементам, коли по ній проходить вагонетка.

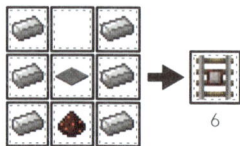

СХЕМА НАТИСКНОЇ РЕЙКИ

6

1 У поєднанні з компаратором натискна рейка визначає ступінь наповненості вагонеток зі скринями й вантажними воронками і надсилає відповідний сигнал. Якщо вагонетка повна, сигнал буде максимальним, а якщо майже порожня — він буде слабким.

СИЛОВА РЕЙКА

Силова рейка прискорює рух вагонетки. Для цього їй потрібен сигнал червоного каменю, бо в іншому разі вагонетка може навіть сповільнюватися. Активована силова рейка надсилає сигнал 8 сусіднім рейкам.

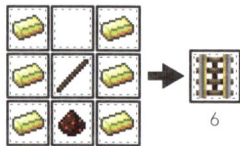

СХЕМА СИЛОВОЇ РЕЙКИ

6

2 Силові й натискні рейки можна використовувати для забезпечення постійної динаміки на маршруті. Натискні рейки, покладені навпроти силових, надаватимуть вагонеткам прискорення. Якщо так зробити вздовж усієї колії, рух на ній не припинятиметься.

АКТИВАЦІЙНА РЕЙКА

Остання зі спеціалізованих рейок – активаційна. Вона може живитися натисною рейкою або будь-яким іншим джерелом і має низку функцій, які залежать від її стану й типу вагонетки, що по ній рухається.

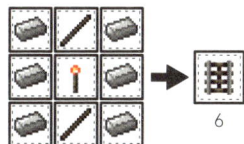

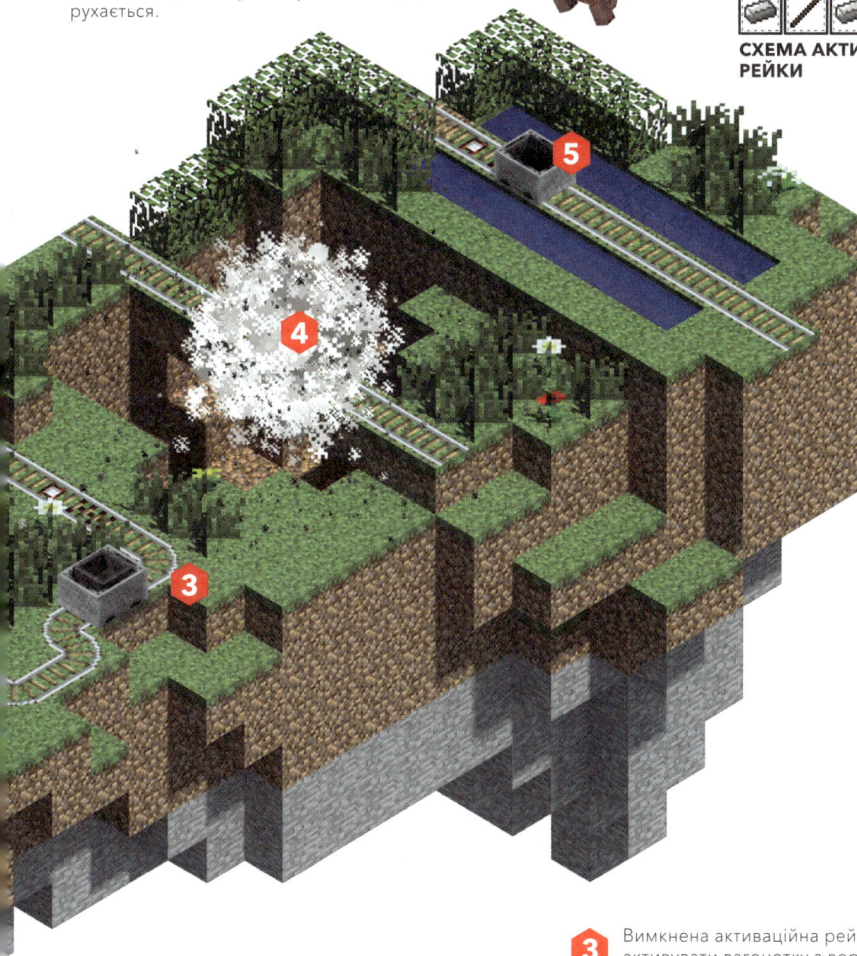

4 Активаційні рейки можуть викликати детонацію вагонетки з вибухівкою, що дуже зручно для видобування ресурсів, оскільки всі рейки вибухостійкі. Це значно спрощує процес: кілька вагонеток із вибухівкою охоплюють велику зону видобування.

5 Останню з функцій активаційної рейки можна побачити, коли по ній рухається вагонетка з мобом чи гравцем – рейка викине моба з вагонетки.

3 Вимкнена активаційна рейка може активувати вагонетку з воронкою, коли та підбирає предмети вздовж свого маршруту, допоки вагонетка не наповниться чи вимкнеться. І навпаки, увімкнена рейка вимкне вагонетку, щоб та не збирала предмети.

ПІДКАЗКА

Рейки з елементами червоного каменю не вигинаються як звичайні. Їх можна використовувати лише на прямих відрізках.

33

ВУЗЛИ

Створення робочої залізниці полегшує подорожі широкими просторами твого світу. Завдяки цьому залізничному вузлу з червоного каменю ти сам контролюватимеш свій маршрут, не змінюючи напрямку руху і не покидаючи вагонетки.

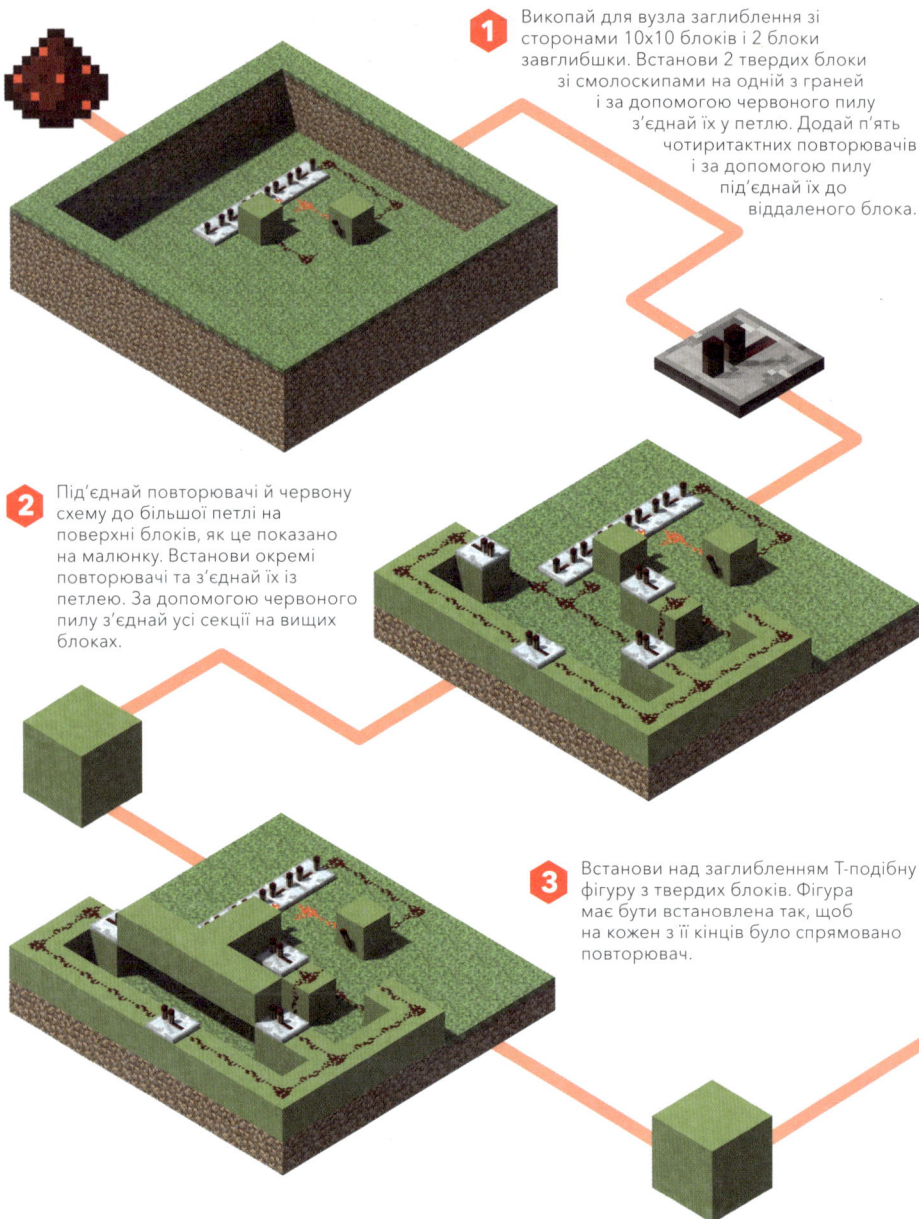

1 Викопай для вузла заглиблення зі сторонами 10x10 блоків і 2 блоки завглибшки. Встанови 2 твердих блоки зі смолоскипами на одній з граней і за допомогою червоного пилу з'єднай їх у петлю. Додай п'ять чотиритактних повторювачів і за допомогою пилу під'єднай їх до віддаленого блока.

2 Під'єднай повторювачі й червону схему до більшої петлі на поверхні блоків, як це показано на малюнку. Встанови окремі повторювачі та з'єднай їх із петлею. За допомогою червоного пилу з'єднай усі секції на вищих блоках.

3 Встанови над заглибленням Т-подібну фігуру з твердих блоків. Фігура має бути встановлена так, щоб на кожен з її кінців було спрямовано повторювач.

6 Тепер вузол готовий до експлуатації. Сполучи його зі своєю залізницею і встанови вагонетку. На похилих силових рейках вона зупинятиметься, дозволяючи тобі обирати напрямок за рівнем. Коли будеш готовий, натискай кнопку і рушай вперед!

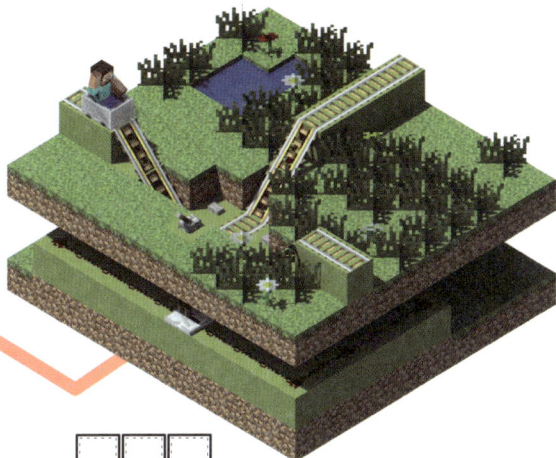

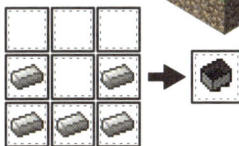

СХЕМА ВАГОНЕТКИ

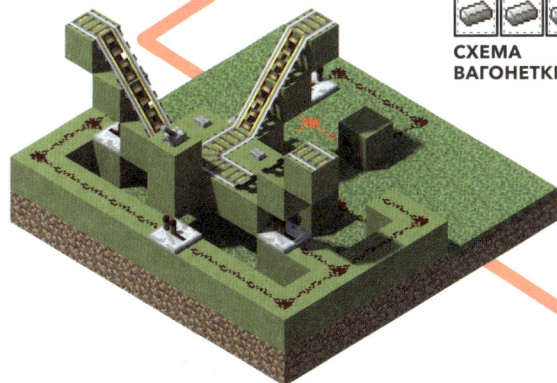

5 На завершення проклади рейки по всій довжині Т-подібної фігури. Рейки на естакадах мають бути силовими, всі решта — звичайними. Встанови кнопки на блоках з обох кінців Т-фігури і важіль на блоці, що її увінчує.

4 Кожен із кінців Т-подібної фігури обладнай сходами з двох блоків. На вершині фігури встанови тверді блоки (на них спиратиметься піднята платформа) і по одному блоку обабіч центральної осі Т-подібної фігури (в центрі буде платформа завбільшки 2х3).

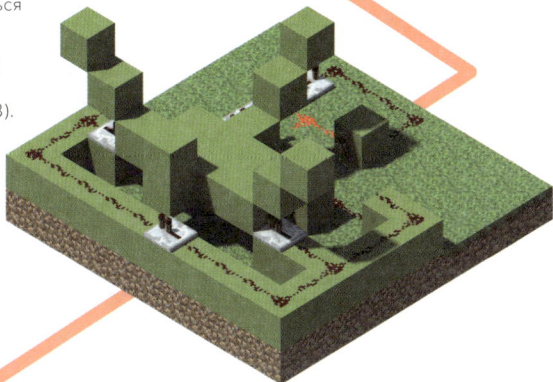

МУЗИЧНІ БЛОКИ І ЛАМПИ З ЧЕРВОНОГО КАМЕНЮ

Залишилися ті вихідні пристрої з червоного каменю, що освітлюють і видають звуки. Музичні блоки можуть програвати різні типи звуків на різному рівні, а лампи зовні нагадують світлокамінь, але з вагомою перевагою – їх можна регулювати.

МУЗИЧНИЙ БЛОК

Музичний блок можна виготовити з будь-яких дерев'яних дощок і одиниці червоного пилу. Коли крізь нього проходить сигнал, він видає звук, що залежить від характеристик опорного блока. На малюнку показано, який блок потрібен для кожного звучання.

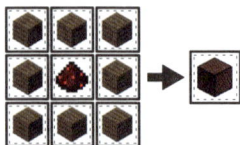

Діапазон музичного блока охоплює дві октави, тобто повні 24 ноти. Взаємодій з блоком для його налаштування і зміни тональності.

СХЕМА МУЗИЧНОГО БЛОКА

За допомогою налаштувань і простої червоної схеми можна відтворити будь-яку мелодію – від дитячої співанки до версії відомого хіта. Також для відтворення правильного ритму використовуй повторювачі (для затримки).

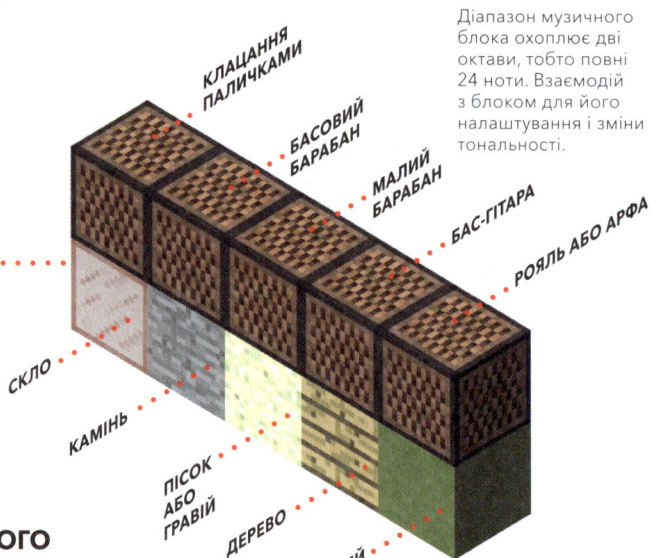

КЛАЦАННЯ ПАЛИЧКАМИ

БАСОВИЙ БАРАБАН

МАЛИЙ БАРАБАН

БАС-ГІТАРА

РОЯЛЬ АБО АРФА

СКЛО

КАМІНЬ

ПІСОК АБО ГРАВІЙ

ДЕРЕВО

БУДЬ-ЯКИЙ ІНШИЙ МАТЕРІАЛ

ЛАМПИ З ЧЕРВОНОГО КАМЕНЮ

Лампа з червоного каменю – це джерело освітлення, зроблене лише з червоного пилу й світлокаменю. Вона яскравіша за смолоскип і її можна вимикати за допомогою схеми чи вручну.

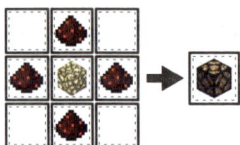

СХЕМА ЛАМПИ

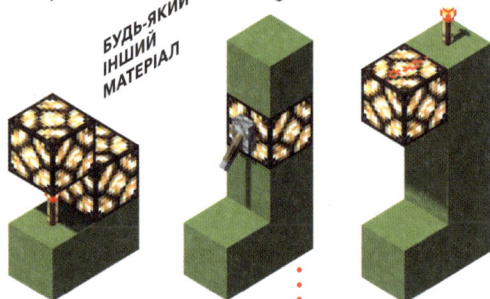

На попередніх сторінках ми на прикладі лампи дізналися, як функціонують блоки живлення й оперування. Піджавлювати лампу можна зусібіч, тож вона достатньо практична для застосування в стінах, підлогах, стелях, а також спеціальних освітлювальних об'єктах.

СХЕМА СИГНАЛІЗАЦІЇ

Музичні блоки й лампи також слугують елементами сигналізації. Будинок на малюнку облаштований обома типами сповіщення, що спрацьовують у разі появи непроханих гостей.

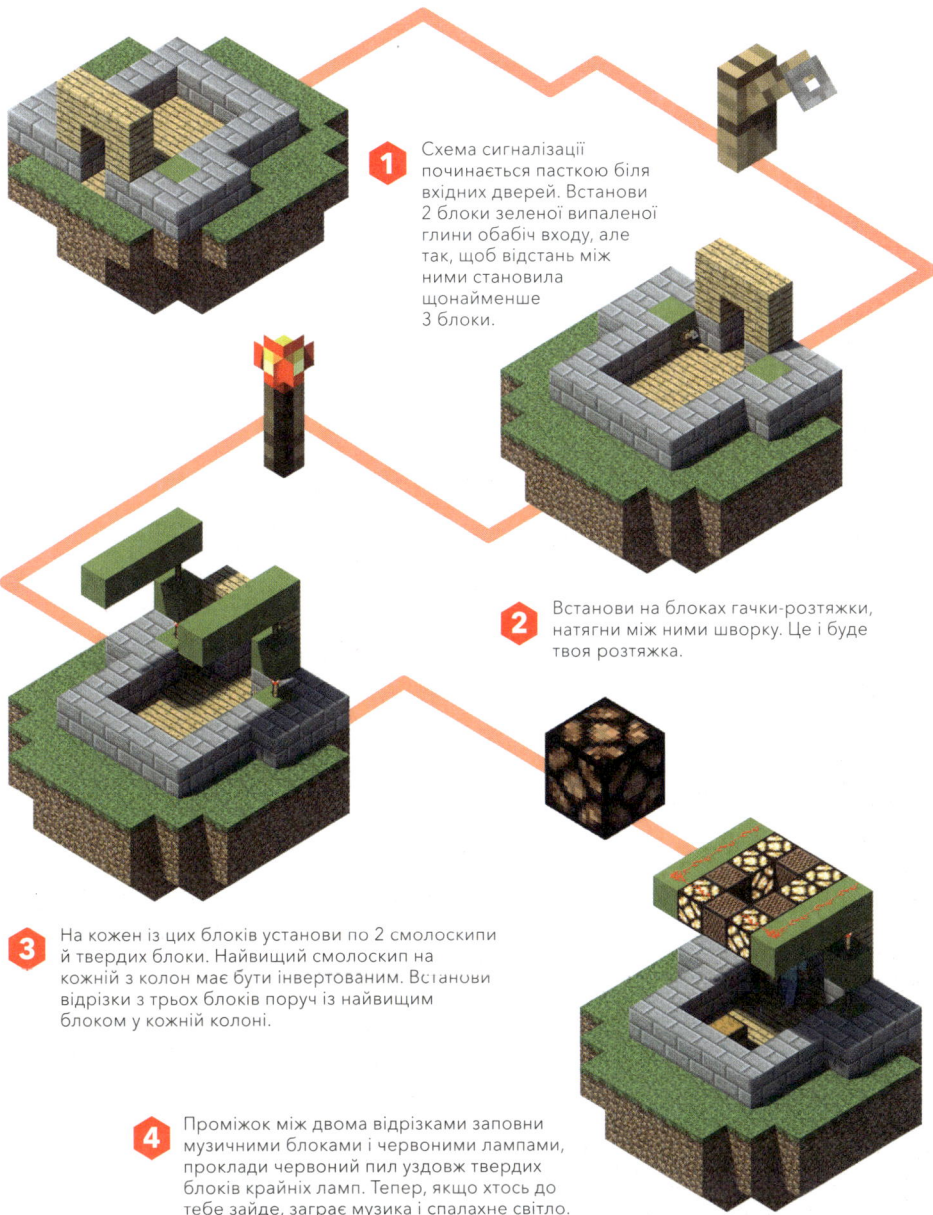

1 Схема сигналізації починається пасткою біля вхідних дверей. Встанови 2 блоки зеленої випаленої глини обабіч входу, але так, щоб відстань між ними становила щонайменше 3 блоки.

2 Встанови на блоках гачки-розтяжки, натягни між ними шворку. Це і буде твоя розтяжка.

3 На кожен із цих блоків установи по 2 смолоскипи й твердих блоки. Найвищий смолоскип на кожній з колон має бути інвертованим. Встанови відрізки з трьох блоків поруч із найвищим блоком у кожній колоні.

4 Проміжок між двома відрізками заповни музичними блоками і червоними лампами, прокладі червоний пил уздовж твердих блоків крайніх ламп. Тепер, якщо хтось до тебе зайде, заграє музика і спалахне світло.

2

ПРОСТІ СХЕМИ

Отже, у нас є всі інструменти і знання про червоний камінь, необхідні для подальшого створення схем. Показані в цьому розділі схеми є одними з найдоступніших, але ти на власні очі переконаєшся, що проста схема — це основа будь-якого крутого механізму.

ЦИКЛІЧНА СХЕМА

Почнемо ми з найпростішого, з циклічної схеми. Така схема подає сигнал, що систематично активується, проходить крізь усі елементи і створює нескінченну петлю активації для будь-яких приєднаних механізмів.

СТВОРЕННЯ ЦИКЛУ

Є багато способів створити циклічну схему і ще більше – змінювати принципи її роботи. У цьому розділі ми розглянемо типи схем, які можна створити за допомогою різних елементів, тож ти зможеш обрати, що тобі до вподоби.

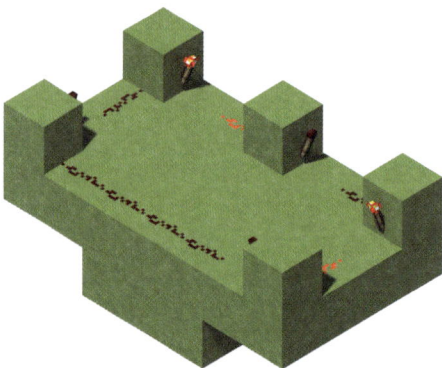

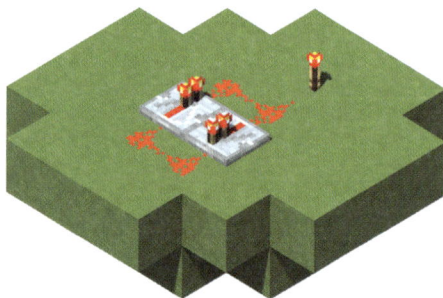

СХЕМА ЗІ СМОЛОСКИПАМИ

Найпростіша циклічна схема працює на смолоскипах. Для неї потрібна непарна кількість смолоскипів; сама схема працює на властивості смолоскипів інвертуватися для циклічного увімкнення (або вимкнення) секцій. На малюнку вище показано п'ятитактну схему – це найкоротша циклічна схема, в якій сигнал робить петлю за 5 тактів червоного каменю.

СХЕМА З ПОВТОРЮВАЧАМИ

Така схема дуже поширена, адже в ній легко змінити кількість тактів, і робота схеми може бути швидкою. На малюнку показана однотактна схема без затримки на повторювачах, які спрямовані в різні боки. Але пам'ятай, що смолоскип треба прилаштувати останнім, інакше сигнал «застрягне» і буде увімкненим завжди.

40

СХЕМА З КОМПАРАТОРАМИ

У цій схемі використовується компаратор у режимі віднімання (для повторення сигналу). Він повернутий до твердого блока, від якого прокладено червоний пил до повторювача, щоб контур не замикався. Смолоскип біля компаратора подає сигнал потужністю 15 одиниць, тож навіть якщо боковий сигнал від'ємний, все одно виникає вихідний сигнал і утворюється петля.

СХЕМА З ВАНТАЖНИМИ ВОРОНКАМИ

Вихідна трубка кожної з воронок повернута до наступної, завдяки чому утворюється цикл. Якщо в якусь з воронок покласти предмет, він безперестанку передаватиметься з однієї воронки в іншу. Компаратор поруч із кожною воронкою вимірює її ступінь наповненості, який змінюється від 0 до 1, тож вихідний сигнал буде низьким і його доведеться підсилювати повторювачем.

ЧЕРВОНИЙ ПИЛ І ПОВТОРЮВАЧІ ВСТАНОВЛЕНІ

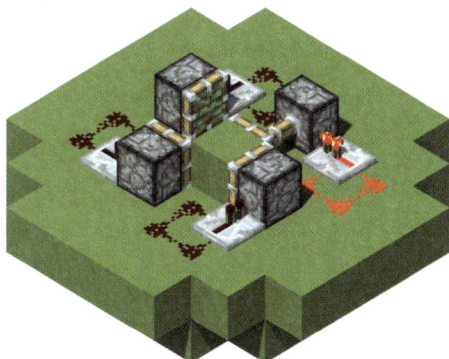

ПРИЛАШТОВАНІ ПОРШНІ

СХЕМА З ПОРШНЯМИ

На відміну від інших циклічних схем, ця має суттєву перевагу – її можна перемикати, тож працюватиме вона лише за твоїм бажанням. Схема працює на поршнях, що пересувають блок по колу, крізь який подається сигнал від смолоскипа, живлячи по черзі кожен із чотирьох зовнішніх контурів.

ПАСТКА МОБОФЕРМИ

Схему з поршнями ми застосуємо для будівництва зручної моноферми, яка б заманювала мобів, що бояться сонця. Моноферма працює на деяких основних контурах поршневої схеми, запускаючи різні елементи пастки і збираючи увесь дроп у доступні скрині.

ДЛЯ ЦЬОГО ЗНАДОБЛЯТЬСЯ:

138	16	12	20	65	8	4	7	4	4

1 Спершу викопай для поршневої циклічної схеми заглиблення завбільшки 2x2 блоки, в кожному з кутів встанови смолоскипи.

ПІДКАЗКА

Детальніше про сходи з червоного каменю читай на сторінці 57.

2 Розташуй на краях заглиблення чотири поршні, спрямовані до смолоскипів. Для запуску схеми тобі знадобиться окремий блок, але до нього можна повернутися наприкінці, щоб це не вплинуло на будівництво.

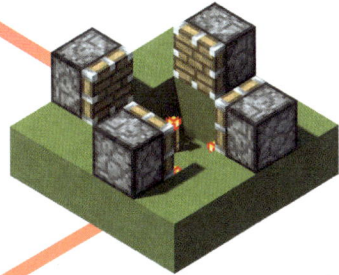

3 Тепер додай до схеми основні контури. Встанови для кожного контуру повторювач, спрямований у бік поршня, потім від кожного повторювача і до краю заглиблення проклади червоний пил.

4 Виведи ще одну червону гілку за межі контуру і за допомогою плит, посипаних червоним пилом, зроби сходи. Можливо, спершу тобі доведеться розмістити тверді блоки, щоб встановити кожну плитку на верхівці блока.

43

5 Збудуй із твердих блоків платформу, на блок вищу за найвищу сходинку. Це має бути квадрат зі стороною 6 блоків.

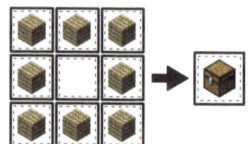

СХЕМА СКРИНІ

6 Відступи на блок від країв платформи і розташуй у чотирьох кутах тверді блоки. У проміжки між наріжними блоками встанови великі скрині.

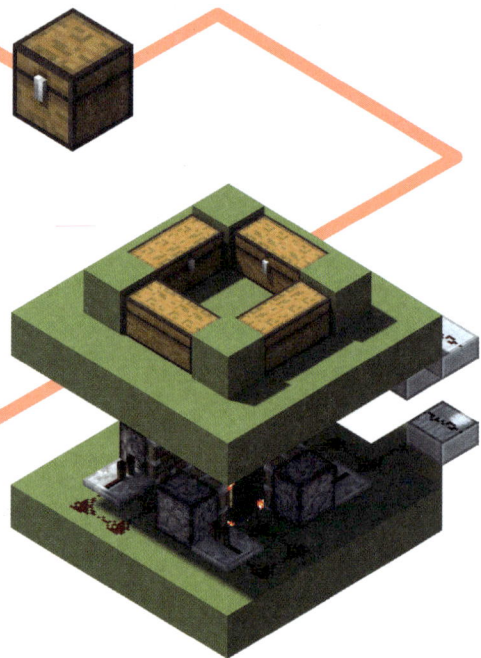

7 На верхівці кожного з блоків розташуй викидач таким чином, щоб він був спрямований до скрині. Встанови навпроти кожного викидача вантажну воронку. Будь обережним і пересувайся крадькома.

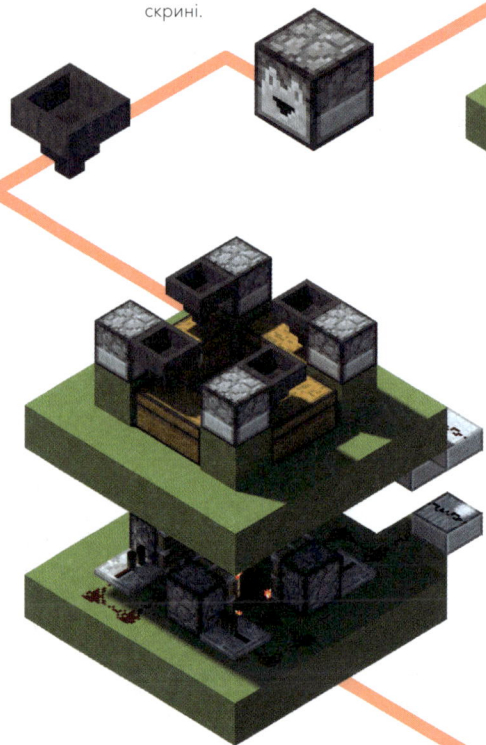

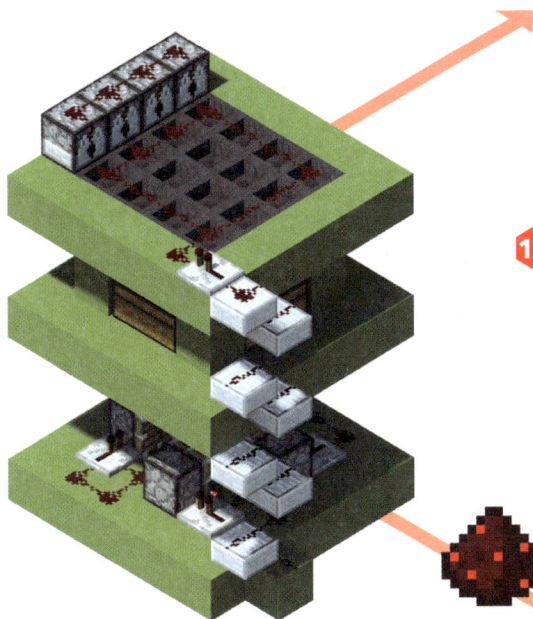

10 Встанови низку роздавачів і спрямуй їх до викидачів. Підведи вже наявні сходи до нової платформи, встанови повторювач для посилення сигналу. Проклади з червоного пилу контур над крайніми воронками і на верхній площині роздавачів. Коли схема буде готова, наповни роздавачі вогняними кулями, щоб знищувати спійманих мобів.

9 Простір усередині обруча заповни воронками. Одна воронка має сполучатися з усіма нижніми викидачами, а вихідні трубки інших воронок мають з'єднуватися з тими, що над викидачами. Для цього теж доведеться пересуватися крадькома.

8 На висоті одного блока над воронками й викидачами споруди обруч (6х6 блоків). Він має бути такого ж розміру, як і платформа з пункту 5.

45

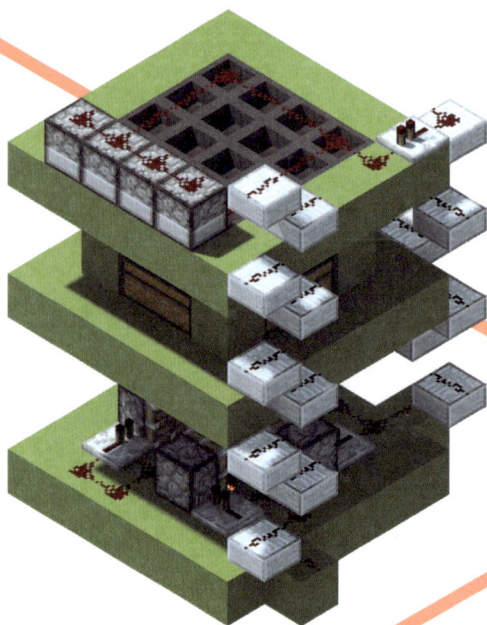

11 Збудуй другі «червоні» сходи від ще одного контуру поршневої схеми. Вони мають бути на дві плитки вищими за перші.

12 Побудуй нову платформу, на 2 блоки вищу за попередній рівень і на блок — за найвищу плитку других сходів. Зроби внутрішнє кільце, видаливши матеріал за блок від кожного краю.

14 Щоб приманювати мобів, збудуй платформу на висоті 3 блоків над люками. Це буде захист від сонця, де ховатимуться моби. Потім вони падатимуть крізь люки й, згораючи, викидатимуть із себе дроп. Предмети випадуть на воронки, а далі опиняться у твоїх скринях.

13 Заповни порожнину люками й оточи їх червоним контуром. Також тобі знадобляться два повторювачі, спрямовані в один бік і розташовані на певній відстані, оскільки на такій висоті потужність сигналу буде найнижчою. Тепер можна встановлювати над смолоскипом твердий блок.

ІМПУЛЬСНА СХЕМА

Наступний тип схеми – імпульсний. Ця схема спирається не так на численні активатори, як на адаптацію довжини сигналу під час його проходження по контуру. Завдяки цьому «червоні» механізми залишаються активними протягом певного відрізка часу.

СТВОРЕННЯ ІМПУЛЬСНОЇ СХЕМИ

Як і у випадку з циклічною схемою, існує кілька способів отримати імпульс. Хоч імпульсні схеми й складаються з багатьох елементів, утім вони можуть бути поєднані та скомбіновані для ретельнішого налаштування пристрою.

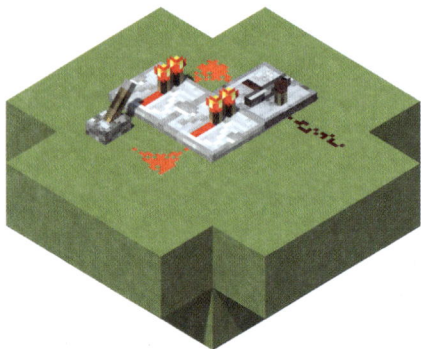

ІМПУЛЬСНИЙ ГЕНЕРАТОР

Усі імпульсні схеми починаються з генератора, що надсилає початковий сигнал. На малюнку видно, як важіль контролює два повторювачі, один з яких живить третій повторювач, і той блокується. Якщо повторно натиснути важіль, два повторювачі вимикаються, розблоковуючи третій. А це у підсумку запускає у схемі вбудований імпульс.

ОБМЕЖУВАЧ

Обмежувач скорочує довжину імпульсу. Червоний пил пролягає на твердих блоках з обох боків западини (3 блоки завширшки), над якою розташовано ще один твердий блок і липкий поршень. Коли сигнал проходить крізь поршень, той посуває верхній блок і розриває червоний контур. Коли поршень деактивується, контур замкнеться й імпульс проходитиме знову.

РОЗШИРЮВАЧ

Розширювач – напрочуд «слухняний» пристрій, який може приймати сигнали частотою до кількох сотень тактів. Предмет у викидачі передається до воронки й назад, незалежно від того, чи реагує перший компаратор на наявність вантажу. Сигнал надсилається через повторювач, крізь блок, та починає передачу предметів між крайніми воронками. Імпульс триватиме доти, доки воронки не перенесуть увесь вантаж, тож ти можеш його подовжити, збільшивши кількість предметів. Ще один компаратор і повторювач розташовані між двома групами воронок для повторної подачі вантажу у викидач і перезапуску системи.

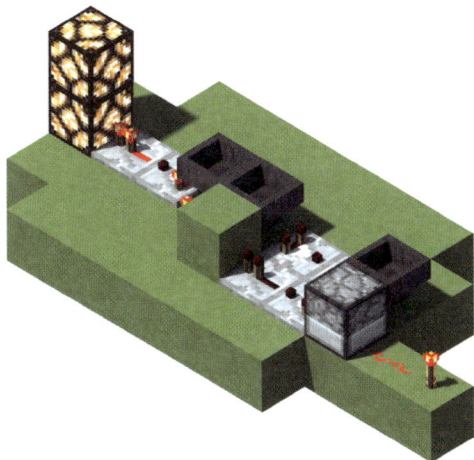

ПРИМНОЖУВАЧ

Примножувачі приймають одиничний вхідний сигнал і збільшують кількість власних імпульсів, швидко активуючи один чи кілька механізмів. Спершу сигнал проходить крізь твердий блок, живлячи лампи з червоного каменю, і вздовж наступного контуру, пропускаючи сигнал до компараторів у режимі віднімання. Сигнал повторно проходить крізь твердий блок, але не досягає компаратора, оскільки його сила послаблена першим відніманням.

ЛІЧИЛЬНИК

На відміну від примножувача, лічильник подає сигнал лише тоді, коли приймає необхідну кількість імпульсів. Лічильнику на малюнку для подачі сигналу необхідно шість вхідних імпульсів. Для цього потрібен предмет, що циркулюватиме воронками у контурі, поки не досягне викидача. Компаратор зафіксує наявність предмета і надішле імпульс. Зауваж, що вихідна трубка кожної воронки спрямована до наступної, а трубка останньої воронки повернута до викидача.

КОДОВИЙ ЗАМОК

У схемі поєднано генератори, розширювач і лічильник, які утворюють простий механізм, що захищає твою базу чи склад. Це стіна з фальшивих кнопок, тож увійти може лише той, хто знає правильну комбінацію.

ДЛЯ ЦЬОГО ЗНАДОБЛЯТЬСЯ:

168	1	1	7	33	8	6	2	4	21	20

1 Спершу збудуй з обсидіану вхідний отвір. Якщо споруда вже збудована, просто відкоригуй наявний каркас. Використовуй обсидіан, бо він дуже міцний, а двері зроби з блоків слизу.

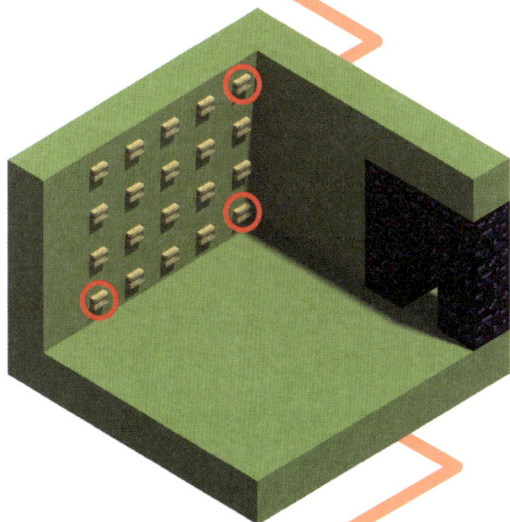

2 Перпендикулярно до стіни з дверима встанови ще одну стіну, в кожному блоці якої буде кнопка. Наша комбінація складатиметься з трьох кнопок, як це показано на малюнку.

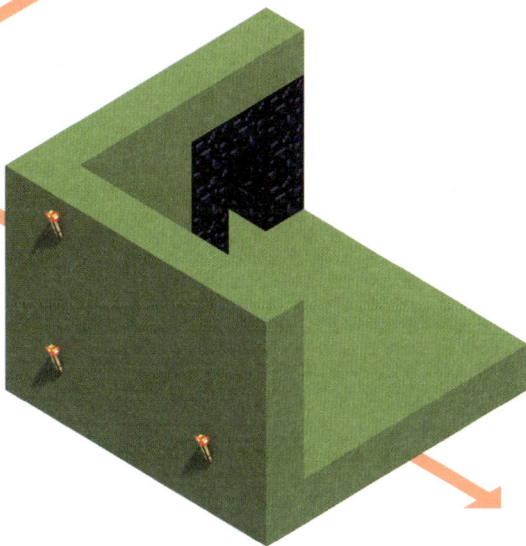

3 Розташуй із протилежного боку стіни смолоскипи. Вони мають бути навпроти кнопок внизу праворуч, внизу і вгорі ліворуч.

4 Кожен смолоскип – це відправна точка імпульсного генератора. Для інших генераторів збудуй прямокутну платформу впритул до стіни. Проклади поруч зі смолоскипом червоний пил і встанови два спрямовані від стіни повторювачі. Проклади у проміжок навпроти найближчого до смолоскипа повторювача червоний пил, а навпроти іншого повторювача розташуй іще один, але горизонтально.

5 Зроби те саме для інших двох смолоскипів – так у кожного з них з'явиться імпульсний генератор. Можливо, тобі доведеться натискати відповідну кнопку по інший бік стіни, щоб перезавантажити генератор – тоді останній повторювач кожного генератора буде заблокований.

6 За допомогою додаткового червоного пилу збільш площу всіх генераторів. Установи в кінцевій точці пилу на нижніх генераторах повторювач – так сигнал не піде у зворотному напрямку.

9 Розташуй у кінці схеми лічильник, як показано на сторінці 49. Зваж, що у лічильника має бути один викидач і три вантажні воронки, оскільки в нашому замку лише три генератори. Май на увазі, що скраю твердого блока, найближчого до воронок, має бути смолоскип (на малюнку це не видно).

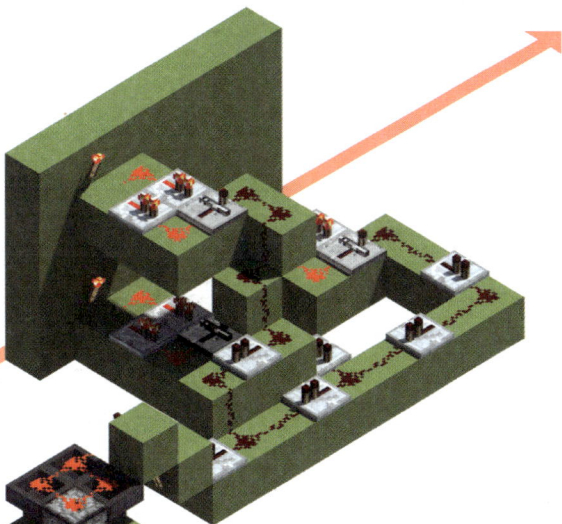

8 Установи в кінці сходів повторювач і ще більше розшир контур далі від повторювача. За допомогою повторювачів з'єднай усі червоні лінії від генераторів у єдиний вихід, щоб сигнали не йшли у зворотному напрямку. Встанови останній повторювач у кінці об'єднаного виходу і налаштуй його на 2 такти.

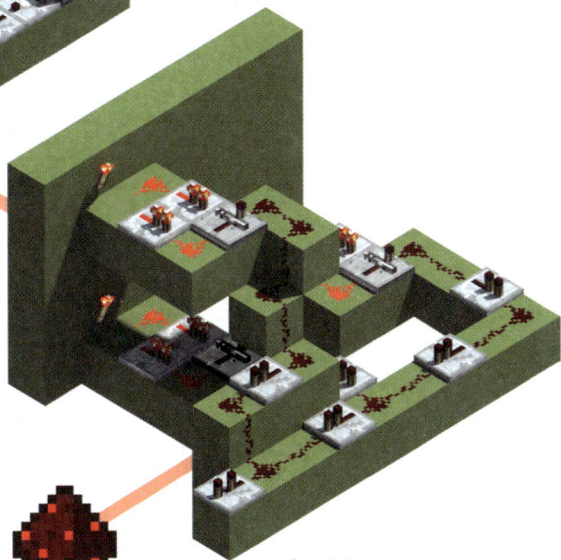

7 Збудуй невеличкі сходи від верхнього генератора до нижньої платформи й проклади вздовж них червоний пил.

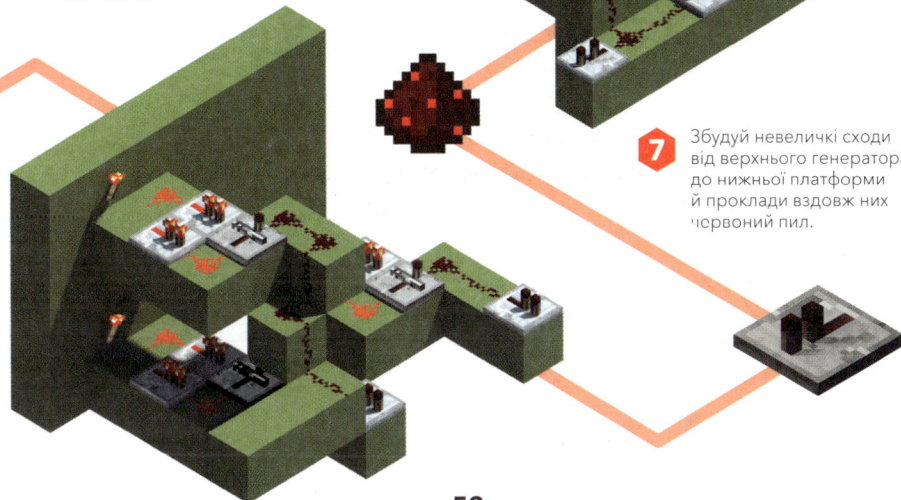

10 Лічильник надсилатиме занадто швидкий імпульс, щоб тримати двері відчиненими, тож зроби розширювач, крізь який проходитиме імпульс (див. сторінку 49). Поклади один предмет у викидач на початку схеми і п'ять — у другу воронку. Зверни увагу на розташування компараторів і повторювачів, показаних на малюнку.

11 З'єднай розширювач із вхідним отвором. Установи біля нього твердий блок зі смолоскипом на верхівці. Схема має закінчитися біля твердого блока.

54

13 Нарешті твій кодовий замок працює! Скористайся луком і стрілами для натискання на верхню кнопку, потім натисни нижні, і двері на якийсь час відчиняться, відкриваючи прохід до таємної кімнати чи схову.

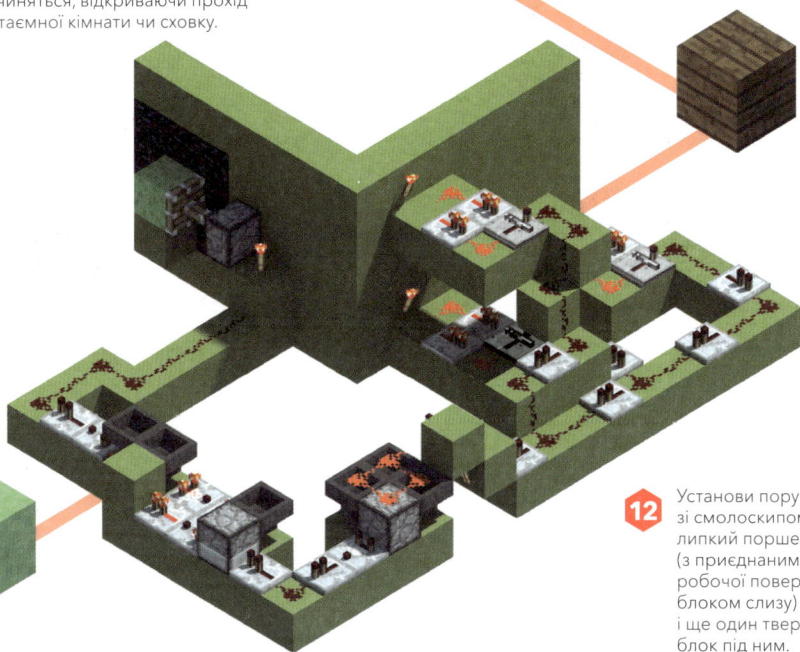

12 Установи поруч зі смолоскипом липкий поршень (з приєднаним до робочої поверхні блоком слизу) і ще один твердий блок під ним.

ВЕРТИКАЛЬНА ПЕРЕДАЧА

Ми вже опанували чимало варіантів горизонтальної схеми, але під час роботи з «червоними» механізмами їхні елементи доводиться розташовувати на різних рівнях. Завдяки вертикальній передачі твій сигнал рухатиметься у тривимірному просторі.

СТВОРЕННЯ ВЕРТИКАЛЬНОЇ СХЕМИ

Вертикальна схема лише на перший погляд здається складною, але насправді все досить просто, якщо знати базові принципи. Робота схеми може спиратися на основні характеристики червоного каменю або інверсію джерел постійного живлення, і за її допомогою ти зможеш надсилати сигнали вгору і вниз.

ПІДКАЗКА

На малюнку показано, як інші «червоні» джерела живлення можуть вимикати нижній смолоскип, змінюючи порядок інверсії.

ОСНОВНА ВЕРТИКАЛЬНА ПЕРЕДАЧА

Найпростіший спосіб зробити вертикальну передачу – це використати властивість червоного пилу підійматися чи опускатися на один блок. Якщо ти хочеш створити компактну споруду, це потребує забагато місця, але червоний пил, підіймаючись угору, буде з'єднуватися під кутом, забезпечуючи спіральні «сходи».

СТОВП ЗІ СМОЛОСКИПІВ

Ця схема працює на інвертованих смолоскипах і, щоб сягнути верхньої точки, потребує мінімальної площі. Найнижчий смолоскип подає сигнал крізь верхній блок, вимикаючи верхній смолоскип, завдяки чому наступний смолоскип горітиме – і так по черзі. Необхідність парної кількості смолоскипів і твердих блоків означає, що схемі може бракувати точності.

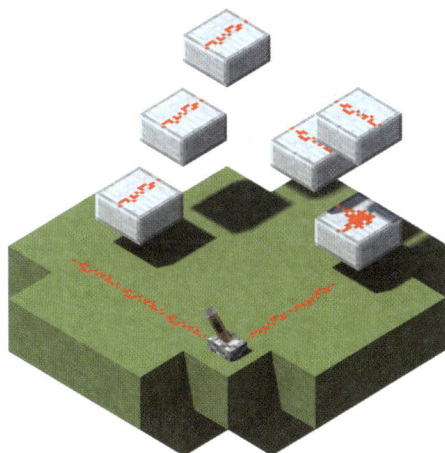

«ЧЕРВОНА» ДРАБИНА

На відміну від повних часткові блоки (приміром, плити), розташовані в змінній послідовності, не розриватимуть червоного контуру. Їх можна використовувати для будівництва сходів, розміщених у верхній половині блокового простору. Інші блоки, які можна застосовувати схожим чином, це воронки й перевернуті сходи.

СТОВП ІЗ ЛИПКИМ ПОРШНЕМ

Подавати сигнали згори вниз на обмежений простір важче, та все ж можливо. У цій конструкції використано блок червоного каменю, приєднаний до липкого поршня і спрямований вниз. Коли блок над поршнем під напругою, поршень висувається і штовхає червоний блок до червоного пилу, і той активується. Для передачі сигналу з більшої висоти можна використати послідовність таких механізмів.

КОМБІНОВАНА ПЕРЕДАЧА

У всіх передач є свої недоліки й переваги – деякі потребують багато місця, деякі будуть нагромаджуватися додатковими ланками, а ще деякі працюватимуть лише у вертикальній площині. Комбінуючи різноманітні методи, ти можеш створити унікальну схему, в якій ті чи інші недоліки будуть компенсовані перевагами.

РУХОМА СТІЙКА ДЛЯ ОБЛАДУНКІВ

Для демонстрації вертикальної передачі в дії ми сконструюємо хитромудру шафу. Кілька натискань важеля – і рухома стійка прокрутить перед твоїми очима всі доступні обладунки, щоб ти міг обрати найбільш придатні для своєї наступної пригоди.

ДЛЯ ЦЬОГО ЗНАДОБЛЯТЬСЯ:

3	1	2	8	3	4	1	2	8	1	1

1 Дотримуючись принципу поетапного будівництва, ми рухатимемося знизу вгору, але якщо хочеш сховати споруду під землею, викопай яму 1 блок завширшки, 5 блоків завдовжки та 7 блоків завглибшки. Почни з прокладання гілки червоного пилу.

2 Встанови на кінці смуги твердий блок зі смолоскипом на верхівці. Під час встановлення смолоскипа червоний пил не повинен бути активним.

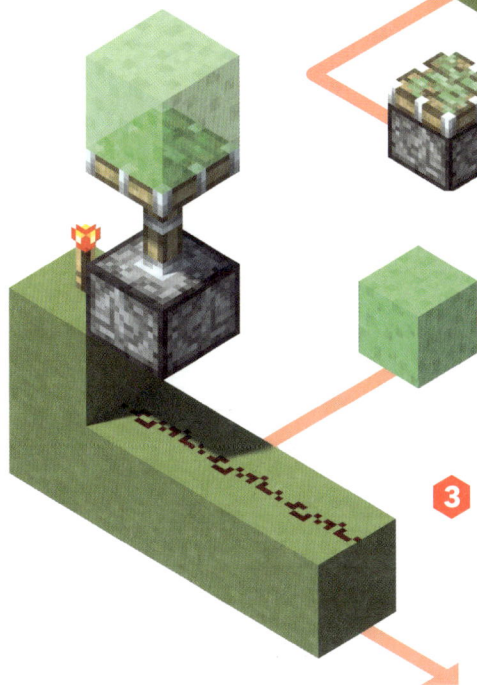

3 Встанови поруч із блоком (і над червоним пилом) спрямований угору липкий поршень. Приладнай до нього 1 блок слизу – він буде рухатися стійкою для обладунків.

4 Розташуй над смолоскипом обсидіановий блок і поклади на його верхню грань червоний пил. Обсидіан підходить для цієї мети тому, що не чіпляється до блока слизу. Ти також можеш скористатися столом зачарування або скринею Краю.

5 Тепер зроби сходи з червоним пилом, відступивши на блок угору і вбік від обсидіану, з протилежного боку від слизу. Можливо, для розташування сходів доведеться ламати якісь блоки.

6 Збоку і дещо вище над сходами розташуй платформу з твердих блоків. Це заготовка для верхівки конструкції, або ж підлога тієї кімнати, куди ти вирішиш її вбудувати. Додай кілька блоків для зручнішого розташування люків.

8 Розташуй під блоком червоного каменю твердий блок і нижче встанови ще один стовп із липким поршнем. Його слід негайно активувати, живлячи липкий поршень і слиз в основі (що зі свого боку деактивує секцію сходів).

7 Додай до конструкції перший стовп із липким поршнем, для цього скористайся липким поршнем і червоним пилом. Стовп слід розташувати під останнім блоком верхньої платформи.

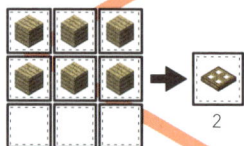

СХЕМА ЛЮКА

9 Знищ блок між двома стовпами з липким поршнем, а також групу твердих блоків над блоком слизу. На торцях тих блоків, що залишилися над блоком слизу, розташуй люки.

10 На блоці, що увінчує стовп із липким поршнем, встанови важіль. Щоб відчинити люки, двічі його потягни. Ще раз потягни двічі, й вони зачиняться, після чого можна переходити до наступного етапу.

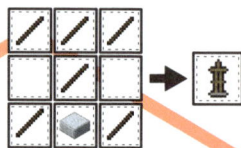

СХЕМА СТІЙКИ ДЛЯ ОБЛАДУНКІВ

12 Натискаючи важіль, ти послідовно активуєш стовпи з липкими поршнями та вимикаєш червоний пил в основі. Це зі свого боку відчиняє обидва люки й активує поршень із блоком слизу. Перша стійка падає у люк, і блок слизу підіймає наступну. Люки швидко зачиняються, змінюючи позиції двох стійок і даючи тобі можливість обрати улюблену броню.

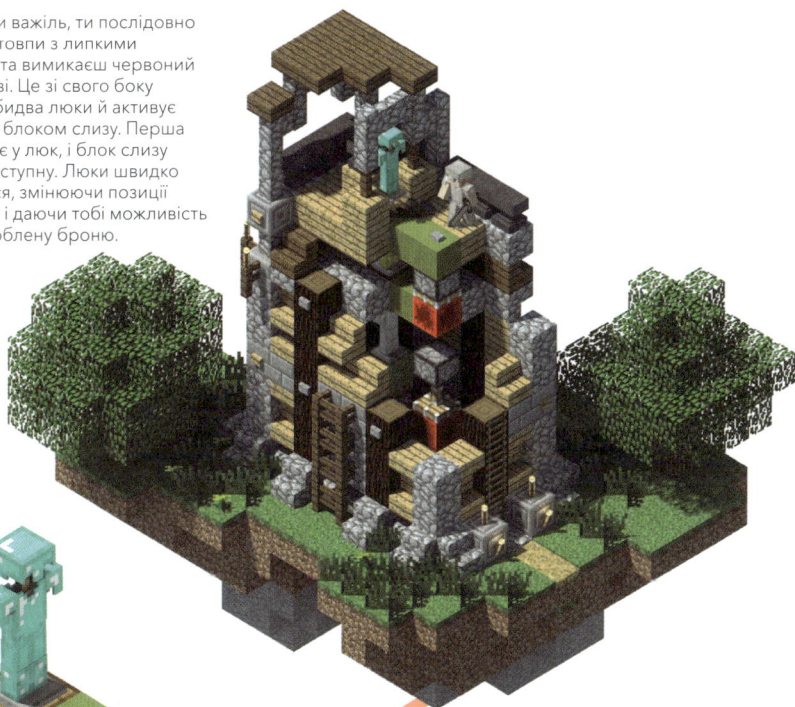

11 Тепер встановлюй стійки для обладунків. Одну з них розташуй на люку (для цього доведеться присісти) і повісь на неї набір обладунків. Двічі натисни важіль, щоб стійка опустилася. Зроби те саме з іншими двома стійками. Якщо ти все зробив правильно, перед тобою знову з'являться перші обладунки.

3

ВЕЛИКІ СПОРУДИ

Тепер, коли ти став справжнім фахівцем з червоного каменю, настав час ці знання обернути собі на користь. В останньому розділі йтиметься про масштабні проєкти, в кожному з яких задіяні численні елементи й червоні схеми, що ми розглядали у попередніх розділах, і з яких виходить щось по-справжньому дивовижне!

ЛІФТ НА ПЛАТФОРМІ

У першій з наших великих конструкцій використано блоки-наглядачі, вертикальну передачу, блоки слизу та обсидіан — все це елементи хитромудрого ліфта, який рухається вгору-вниз і який можна викликати з будь-якого поверху будівлі. Такий ліфт стане чудовим доповненням до високих споруд на кшталт хмарочосів.

ДЛЯ ЦЬОГО ЗНАДОБЛЯТЬСЯ:

| 9 | 6 | 2 | 2 | 5 | 2 | 2 | 16 | 47 | 1 |

1 Спочатку створи основу для ліфта, уклавши 14 обсидіанових блоків – 3 ряди по 4 і ще 2 наріжні блоки, що випинаються назовні.

2 Уклади у вигляді підкови обсидіанові блоки вздовж периметра основи (наріжні блоки не чіпай). Утворене «ложе» – це те місце, де зупинятиметься ліфт.

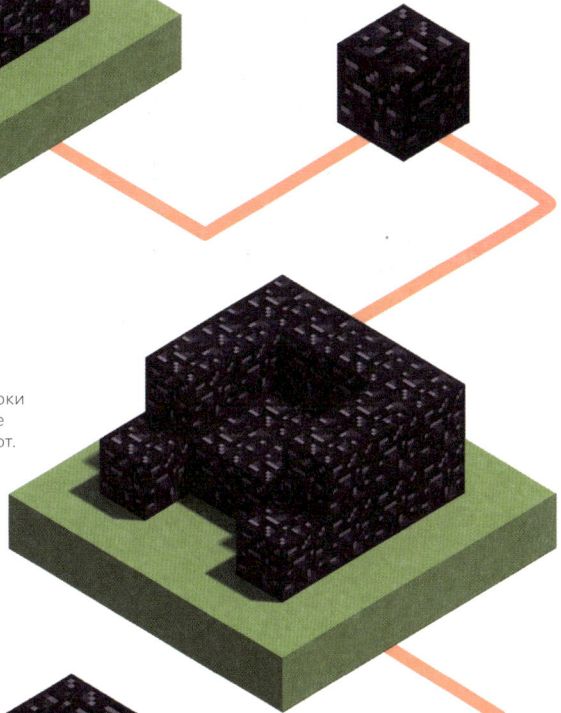

3 Залиши проміжок над наріжними блоками і зведи над ними дві колони. Кожна колона має бути 7 блоків заввишки.

4 Всередині прилаштуй слиз. Це стане базою для підйомної платформи. Біля основи правої колони розташуй кнопку.

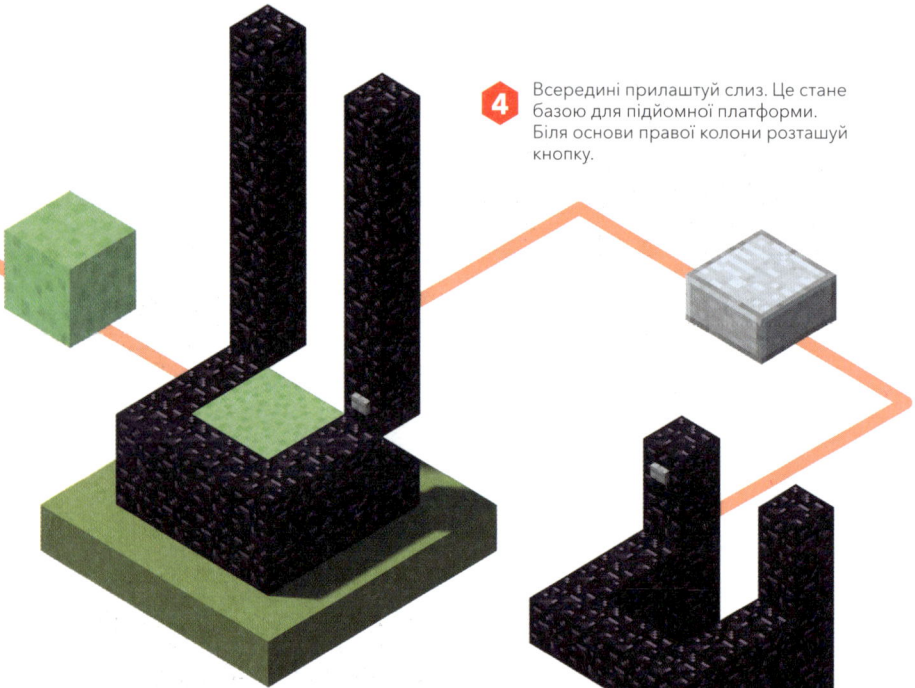

5 Зроби точнісінько таку ж «підкову» і розташуй її вгорі колон, просто над основою. Розташуй біля верхівки лівої колони кнопку, а внизу на блоках слизу — плити як опору для ніг.

6 У проміжку між колонами проклади червоний пил і встанови біля основи лівої колони смолоскип. У западині під смолоскипом утвори невеликий контур, заклавши пил у двох місцях.

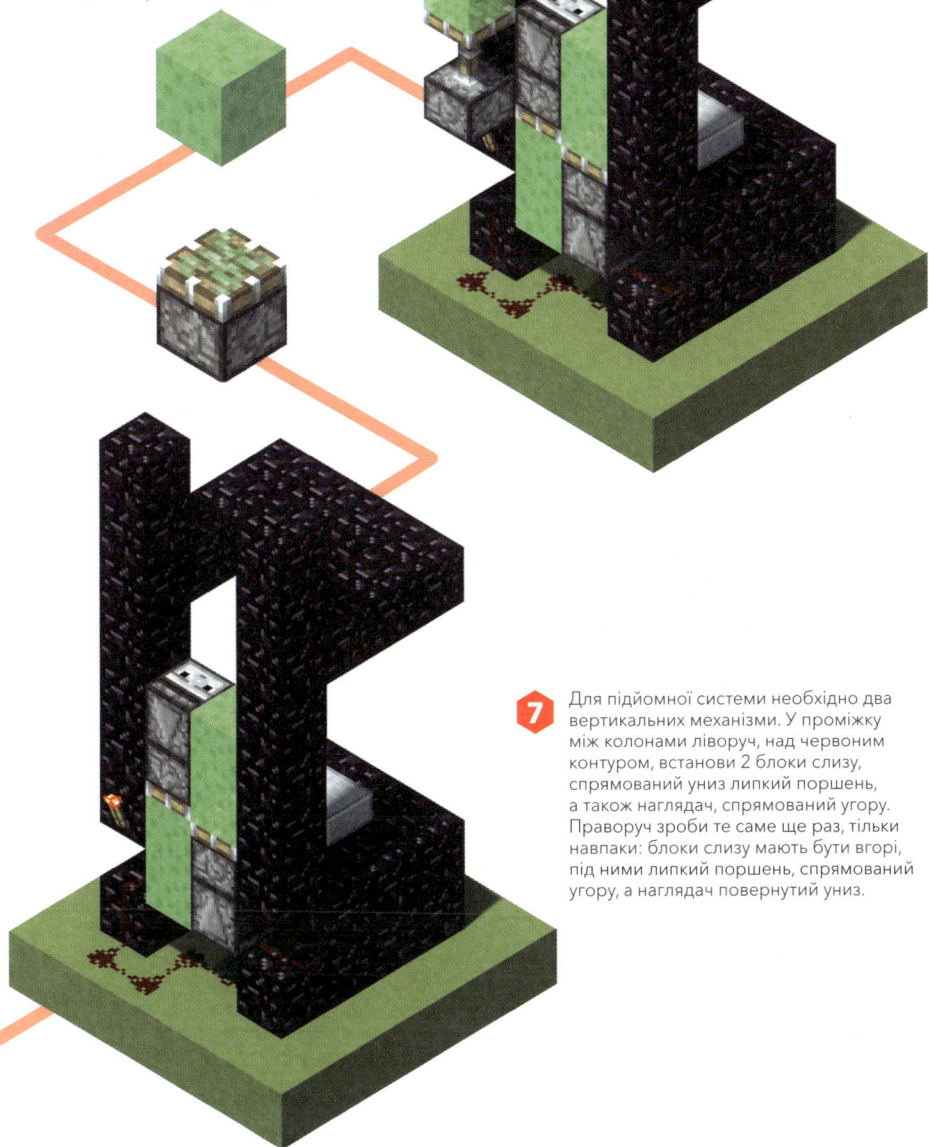

8 Встанови над смолоскипом спрямований вгору липкий поршень і причепи до його робочої поверхні 4 блоки слизу. Верхній блок слизу має бути на одній висоті з верхівкою обсидіанової колони.

7 Для підйомної системи необхідно два вертикальних механізми. У проміжку між колонами ліворуч, над червоним контуром, встанови 2 блоки слизу, спрямований униз липкий поршень, а також наглядач, спрямований угору. Праворуч зроби те саме ще раз, тільки навпаки: блоки слизу мають бути вгорі, під ними липкий поршень, спрямований угору, а наглядач повернутий униз.

9 Розташуй біля верхівки правої колони смолоскип, відступи від нього на 1 блок і встанови спрямований униз липкий поршень. Приліпи до його робочої поверхні 4 блоки слизу, а внизу — ще й 1 блок червоного каменю.

ПІДКАЗКА

Якщо користуєшся кишеньковим виданням, то встанови смолоскип і відповідну кнопку на 1 блок нижче.

10 На висоті пів блока над верхнім смолоскипом розташуй плитку, а поруч — твердий блок. Далі має бути липкий поршень з 1 блоком червоного каменю, спрямований до 4 блоків слизу.

12 Нарешті наш ліфт у робочому стані. Тепер можеш стати на платформу й натиснути кнопку. Спрямований униз наглядач зафіксує зміни в стані червоного пилу й активує поршні, які почнуть систематично підіймати блоки слизу і тебе разом із ними. Коли ти натискаєш кнопку вгорі, спрямований вгору наглядач зафіксує, що поршень втягнуто, і запустить той самий процес, тільки у зворотній послідовності.

11 Проклади на плитці, твердому блоці і верхівці лівої обсидіанової колони червоний пил. На верхівці іншої колони встанови липкий поршень, спрямований всередину. Поршень має рухатися швидко. Причепи до його робочої поверхні ще один обсидіановий блок.

ПІДКАЗКА

Ліфт можна зробити вищим, встановивши обабіч додаткові стовпи з липкими поршнями. Проте май на увазі, що поршень може виштовхнути щонайбільше 11 блоків слизу і 1 червоний блок.

ПРИСКОРЮВАЧ ЕЛІТРИ

Один із найшвидших способів мандрувати у світі Minecraft — це ширяти в повітрі. У цьому прискорювачі елітри задіяні вертикальна передача з блоками слизу, роздавачі й вибухівка, яка викидатиме тебе у повітря.

ДЛЯ ЦЬОГО ЗНАДОБЛЯТЬСЯ:

25	8	5	1	1	1	1	1	10	45	42

1 Спершу зроби основу для прискорювача. Це має бути прямокутна рамка зі сторонами 7x5 блоків, із двома наріжними виступами (кожен завбільшки в 1 блок) і внутрішнім «наростом» із 2 блоків.

2 Розташуй у лівому передньому куті рамки 1 блок і 3 обсидіанові блоки навколо внутрішнього «наросту». Встанови біля лівого наріжного виступу плитку.

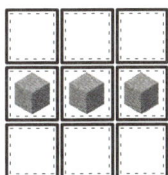

6

СХЕМА КАМ'ЯНОЇ ПЛИТКИ

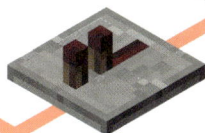

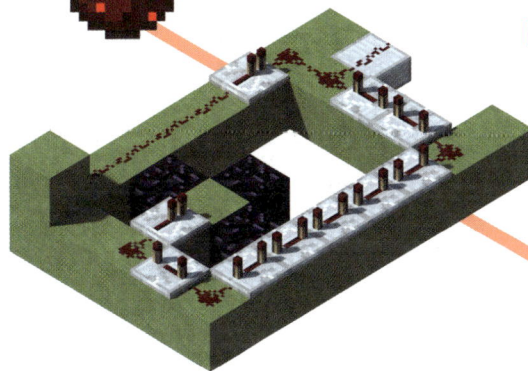

3 Проклади вздовж рамки червоний контур (від піднятого блока і до основи внутрішнього «наросту»). Встанови, де потрібно, повторювачі (див. малюнок). Вони мають бути налаштовані на 4 такти, за винятком повторювача з лівого краю і того, що встановлений на «нарості».

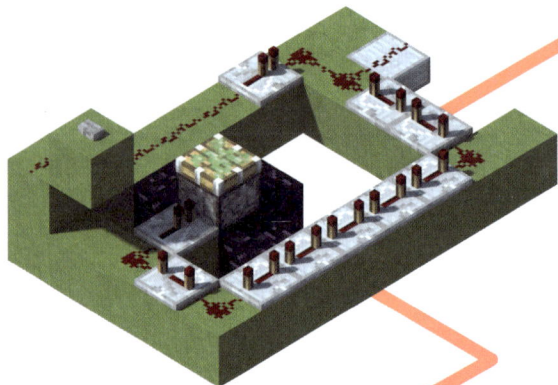

4 На краєчку «наросту» розташуй липкий поршень, спрямований угору. По діагоналі над піднятим блоком додай ще один блок, на його верхній грані розташуй кнопку.

5 Встанови на зовнішніх наріжних блоках дві колони. Кожна колона має бути 9 блоків заввишки (включно з блоками в основі).

КОМЕНТАР MOJANG

День, коли ми запропонували випробувати досягнення «Надзвуковий» для елітри, став по-справжньому чорним. Випробування полягає в тому, що тобі треба пролетіти в отвір завбільшки 1x1 блок на швидкості понад 40 м/с. Як з'ясувалося, це потребує певної підготовки.

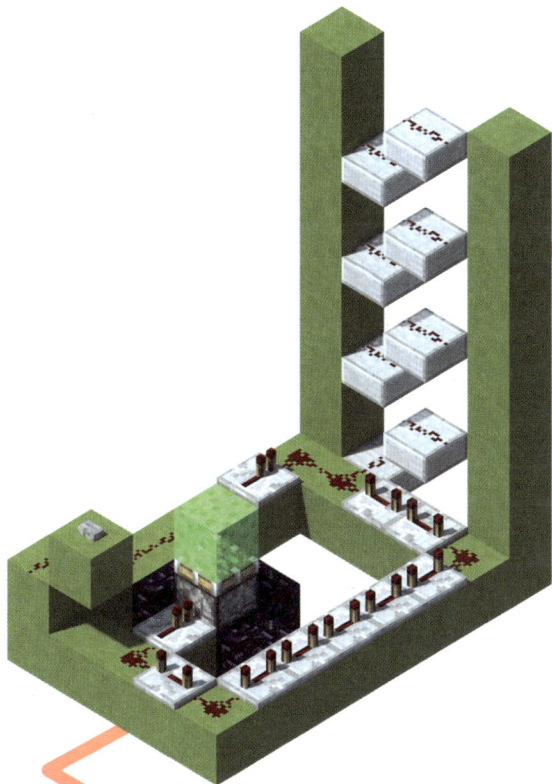

7 Прибери додаткову колону з попереднього пункту, проклади на всіх плитках червоний пил. Для завершення роботи над механізмом запуску встанови на липкий поршень 1 блок слизу.

6 Приєднай до внутрішнього боку правої колони ще одну таку ж, утвори між плитами «червоні» сходи. Між найвищою плиткою і верхівками колон має бути відстань в 1 блок.

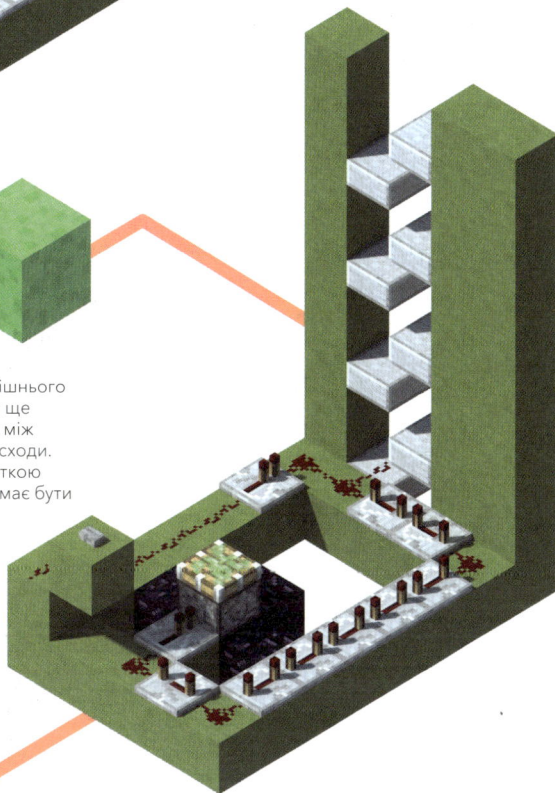

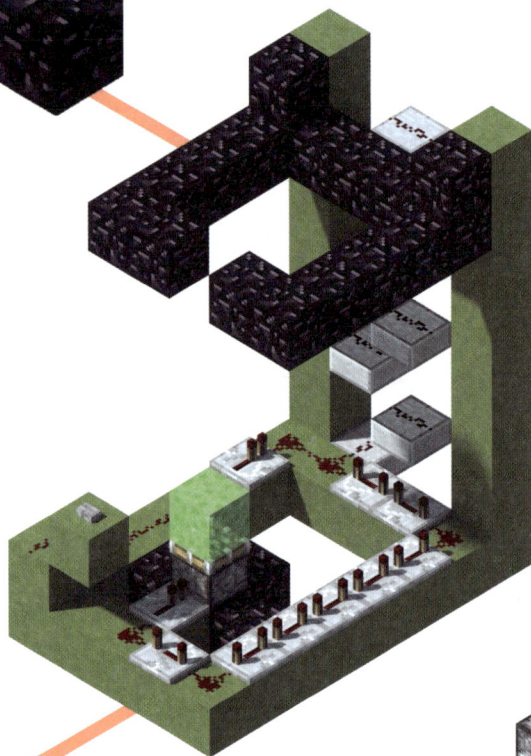

8 Вгорі між колонами зроби з обсидіанових блоків раму. Вона має бути 5х5 блоків завбільшки з проміжком в 1 блок посередині.

9 На 1 блок нижче зроби обсидіанову базу. Розташуй три роздавачі біля основи обсидіанової платформи і ще по одному — на бічних гранях.

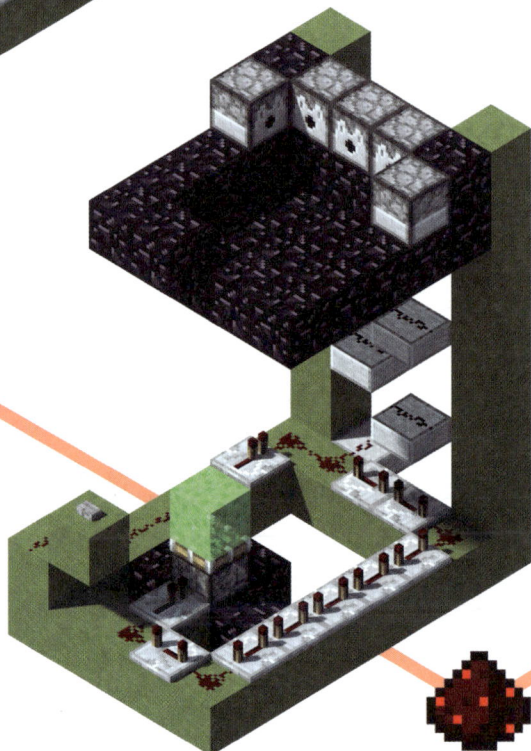

11 Якщо натиснути кнопку, вона активує червоний пил в основі конструкції, потім сигнал по сходах піде вгору і спричинить детонацію вибухівки у роздавачах. Сигнал також піде до переднього поршня, але повторювачі його затримають. Якщо все зробити правильно, вибухівка здетонує саме тієї миті, коли поршень підніме тебе вгору. Приємного польоту! Переконайся, щоб у разі завчасного або запізнілого вибуху на тобі була міцна броня.

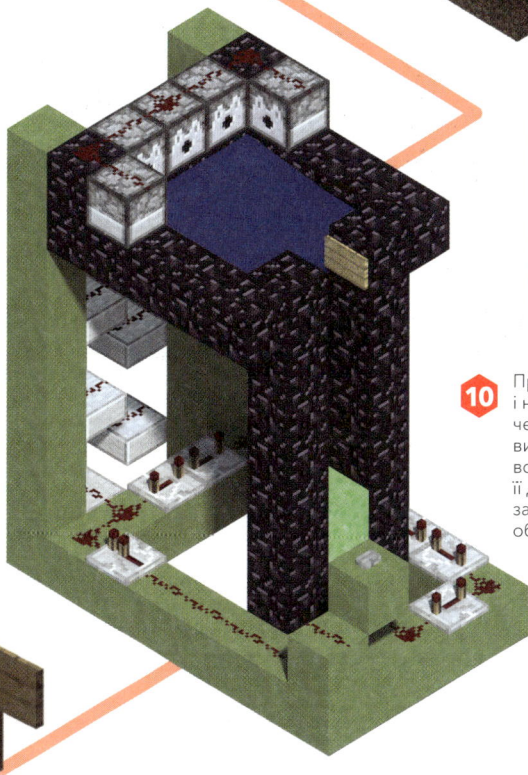

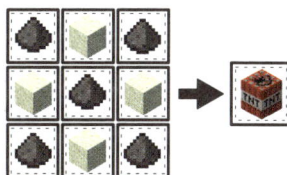

СХЕМА ВИБУХІВКИ

10 Проклади на роздавачах і наріжних обсидіанових блоках червоний пил, роздавачі заповни вибухівкою. У проміжку рами встанови табличку, причепивши її до торця одного з блоків, потім за допомогою відра наповни обсидіанове ложе водою. Збудуй дві обсидіанові колони і з'єднай ложе з основою конструкції.

77

ПОРШНЕВА ПАСТКА

Це чудовий приклад «червоної» пастки, в якій застосовано натискні пластини, які активують дві групи поршнів (нижню й верхню), приєднаних до вежі з червоного каменю. У підсумку виходить майже повністю ізольована камера без вікон і дверей.

ДЛЯ ЦЬОГО ЗНАДОБЛЯТЬСЯ:

27	179	48	16	4	16

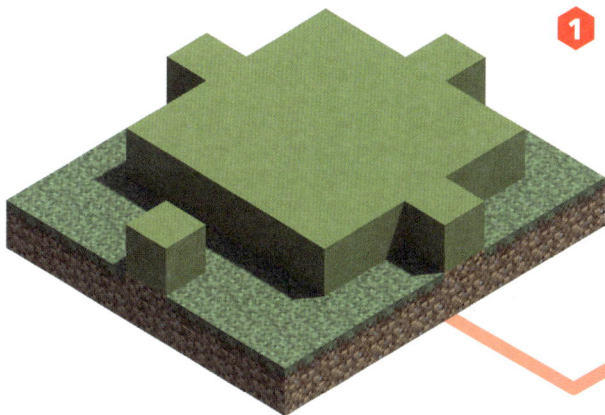

1 Зроби платформу завбільшки 5x5 блоків, посередині трьох її сторін встанови ще один блок, що випиратиме назовні, а четвертий додатковий блок розташуй навпроти четвертої сторони, відступивши від неї один проміжок.

2 Уздовж усього периметра платформи проклади червоний пил і з'єднай його з відокремленим блоком. Це буде основний контур активації, коли пастка увімкнеться.

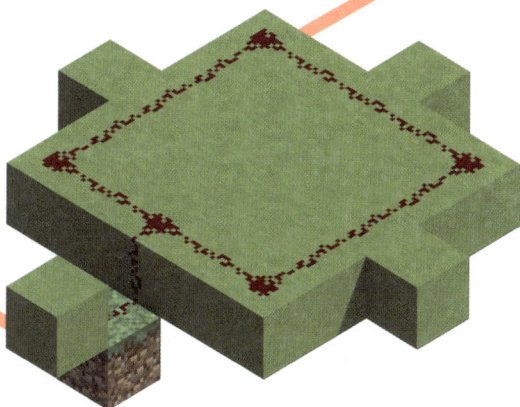

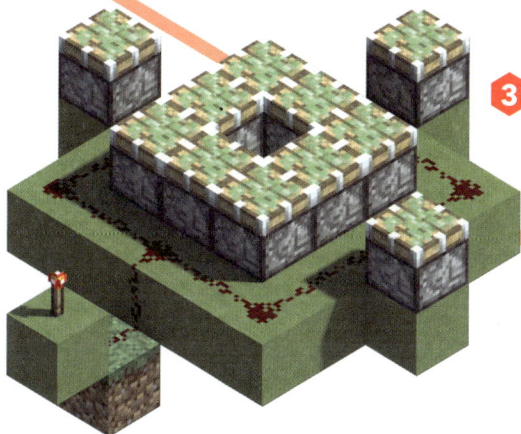

3 Всередині контуру встанови липкі поршні, спрямовані угору. Так само встанови їх на зовнішніх блоках, а на верхній грані відокремленого блока розташуй смолоскип.

79

4 Розташуй на робочих поверхнях усіх поршнів і над червоним пилом тверді блоки. Проклади вздовж периметра нової платформи натискні пластини. Заповни прогалину посередині та спробуй наступити на пластину. Це повинно активувати смолоскип і запустить найближчі поршні.

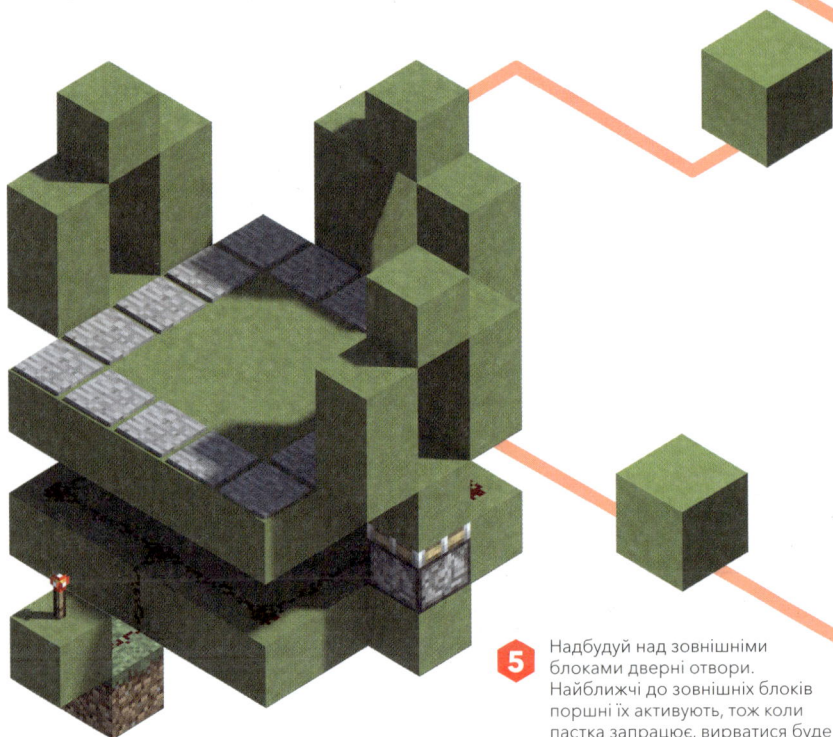

5 Надбудуй над зовнішніми блоками дверні отвори. Найближчі до зовнішніх блоків поршні їх активують, тож коли пастка запрацює, вирватися буде практично неможливо.

7 Повернувшись до відокремленого блока зі смолоскипом, встанови над ним інші блоки зі смолоскипами таким чином, щоб останній з них був на висоті 1 блока над новозбудованою стіною. Його теж треба активувати.

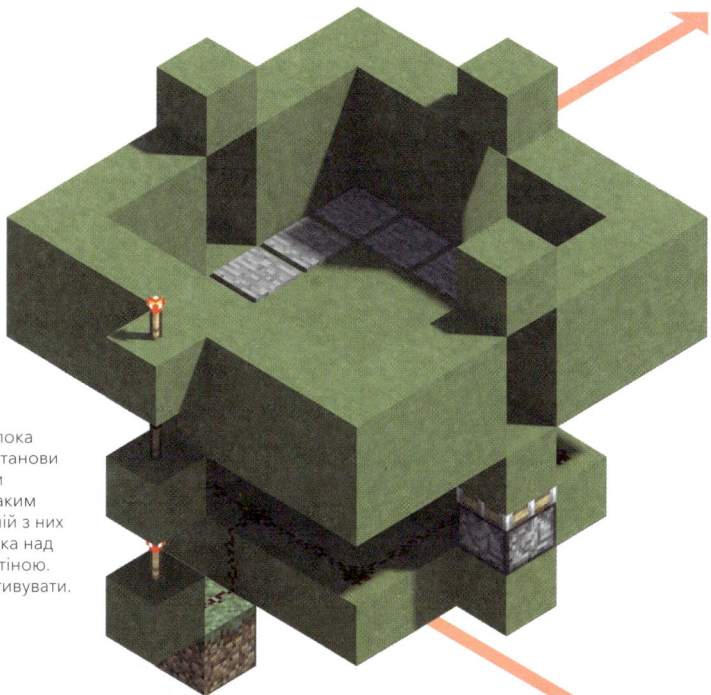

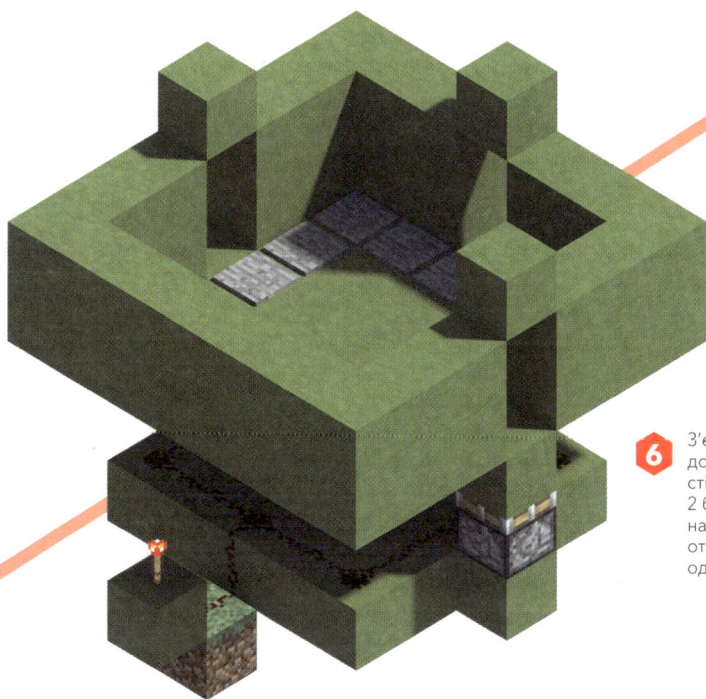

6 З'єднай дверні отвори, добудувавши між ними стіни. Стіни мають бути 2 блоки заввишки, а над кожним дверним отвором встанови ще один твердий блок.

8 Встанови в кутку платформи тимчасову опору й утвори на висоті 3 блоків над стіною кільце. Воно має точно відповідати контуру натискних пластин під ним.

9 Знизу до кільця прилаштуй спрямовані униз липкі поршні. До робочої поверхні кожного поршня приєднай твердий блок. Кільце можеш прибрати, воно більше не потрібне.

10 Нарости довкола поршнів краї, щоб утворилася широка платформа. Вона має бути 2 блоки завширшки і розташовуватися вище за останній смолоскип. На уявній прямій, уздовж якої розставлено смолоскипи, встанови ще один, тепер уже на платформі.

13 Тепер запускай! Коли непроханий гість зайде у двері й стане на натискну пластину, це активує червоний пил і поршні, штовхаючи тверді блоки зусібіч до центру кімнати. Жертва пастки неодмінно загине.

12 Тепер встанови між контуром і поршнями повторювачі, налаштовані на 4 такти. Кожен повторювач має бути повернутим до поршня, завдяки чому сигнал буде роздільним і спрямованим у потрібному напрямку – за винятком поршня навпроти смолоскипа, приєднаного до контуру за допомогою пилу.

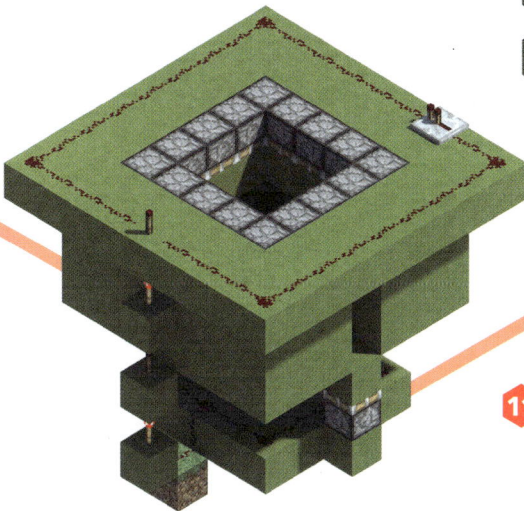

11 Проклади вздовж периметра нової платформи широкий червоний контур, не забудь про повторювач, який буде підсилювати сигнал до початкової потужності. Цей контур живитиме усі поршні в кільці.

АВТОМАТИЗОВАНИЙ ЦЕХ

Трунки часто стають у пригоді, але пошуки й збирання десятків інгредієнтів – то ціла історія. Цей зручний цех працює на роздавачах, які збирають необхідні предмети й автоматично завантажують їх у стійку для трунків, заощаджуючи твої зусилля.

ДЛЯ ЦЬОГО ЗНАДОБЛЯТЬСЯ:

3	8	4	1	2	17	2	14	15	11	7

1 Утвори платформу зі сторонами 9х10 блоків. Розташуй уздовж однієї зі сторін гребінь із 7 твердих блоків, відступи один проміжок і зроби ще один гребінь, паралельний першому.

2 У проміжку між гребенями встанови налаштовані на 1 такт повторювачі; вони мають бути спрямованими до центру майбутньої споруди. На внутрішньому гребені, з протилежного від повторювачів боку, розташуй смолоскипи.

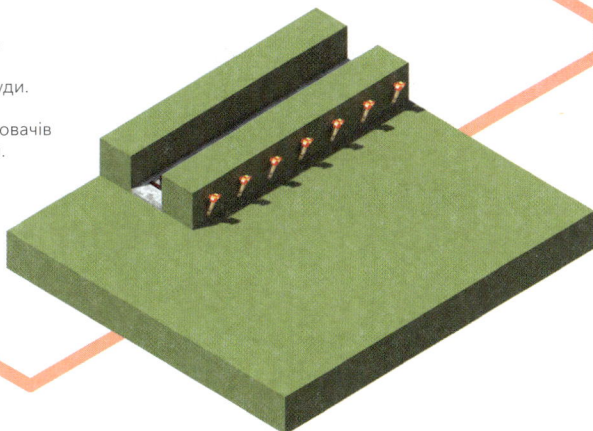

3 Утвори ще два паралелепіпеди по 7 блоків завдовжки; один із них розташуй над повторювачами, інший — над смолоскипами. Обережно працюй з повторювачами, щоб не збити їхніх налаштувань.

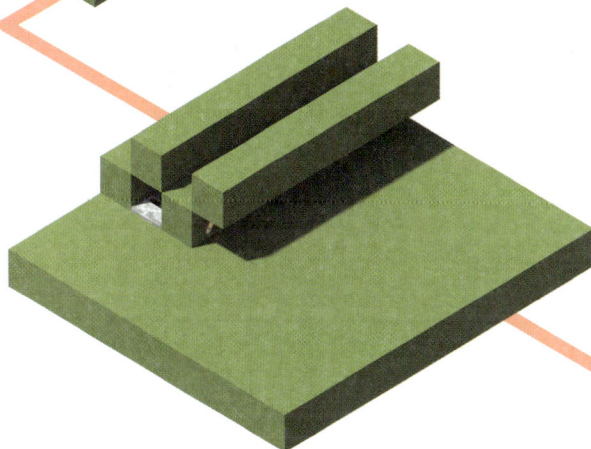

4 Розташуй збоку ближчого до центру паралелепіпеда ряд смолоскипів. У проміжку між двома вищими паралелепіпедами розмісти повторювачі, повернуті в бік смолоскипів. Повторювачі мають бути налаштованими на 2 такти.

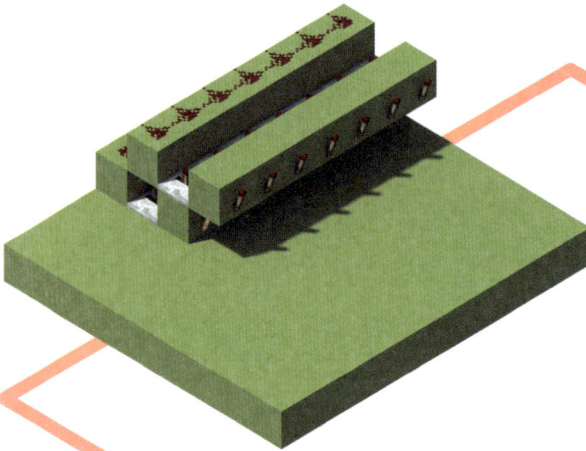

5 Вкрий нижчий та вищий гребені (які ближчі до краю будівлі) смужками червоного пилу. Від такої багатоступеневої сітки живитимуться повторювачі.

6 Відступи від ряду смолоскипів один проміжок і розташуй роздавачі, повернувши їх у протилежний від смолоскипів бік. Це будуть ємності, які сортуватимуть інгредієнти і подаватимуть їх до варильної стійки.

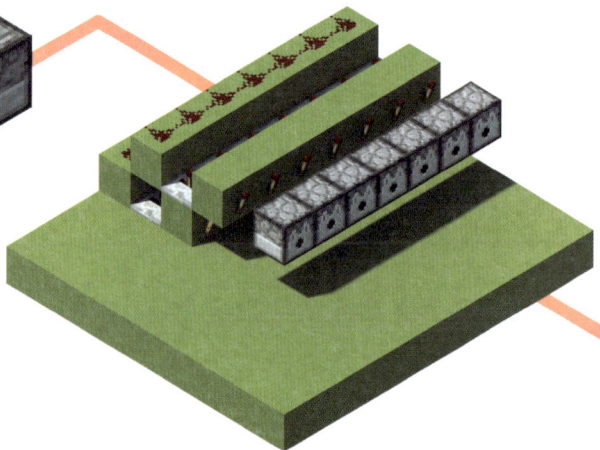

Насип у цю скриню вогняного порошку – він стане паливом для варильної стійки.

У цю скриню постав пляшки з водою, яка заливатиметься у стійку.

9 Відступи проміжок від окремого блока і зведи ще одну часткову стіну, встанови на кожному з окремих блоків велику скриню. Розташуй під скринями дві вантажні воронки, підведені до варильної стійки. Встанови на блоках позаду воронок два смолоскипи.

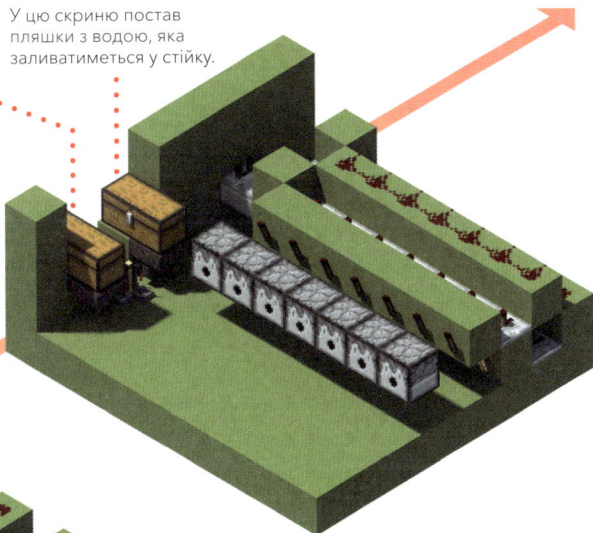

8 Скраю платформи, навпроти плиток, збудуй часткову стіну 3 блоки заввишки і 5 завширшки, з одним окремим блоком праворуч. Розташуй по діагоналі від цього блока варильну стійку.

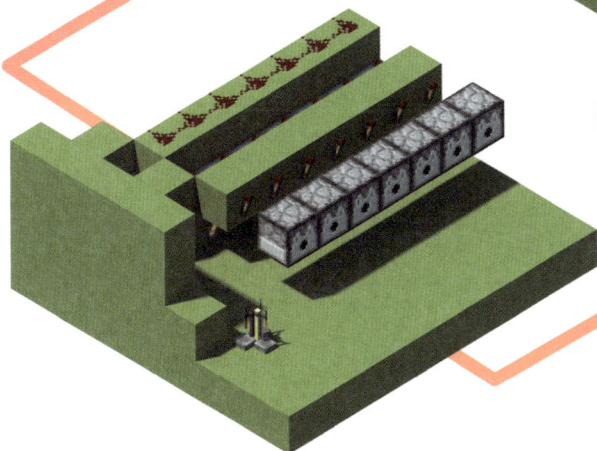

7 Розмісти на кінці нижнього зовнішнього гребеня твердий блок і ще один – у кінці ряду повторювачів. Розташуй між цими двома блоками першу плитку, а другу – за блоком, що обмежує ряд повторювачів. Обидві плитки мають бути на висоті пів блока над землею і на обох треба встановити компаратори, спрямовані до твердих блоків.

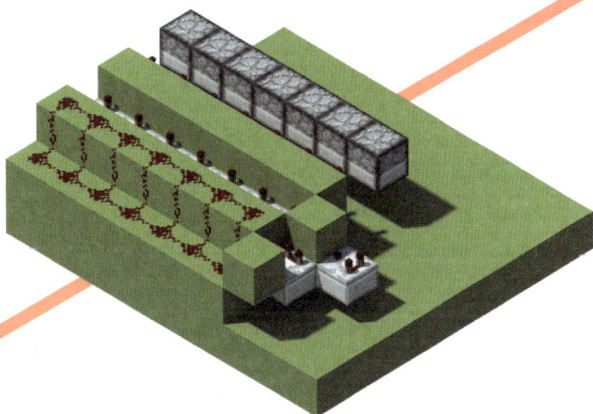

10 Розташуй над стійкою вантажну воронку, подай у цю воронку низку інших воронок, рухаючись від зворотного, поки між наборами роздавачів не залишиться лише одна.

11 Над компаратором на плитці розташуй смолоскип, а на блоці навпроти – червоний пил. Це має активувати червону сітку і всі пов'язані з нею елементи.

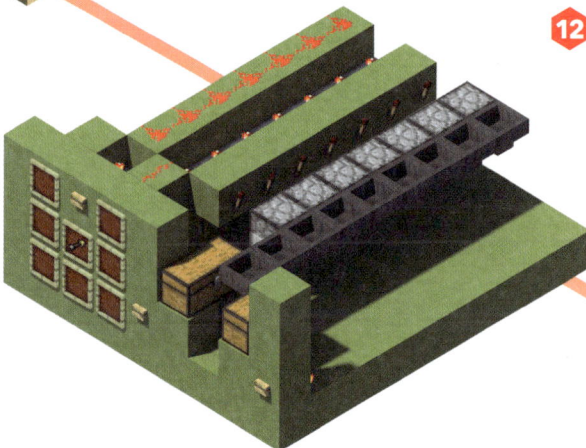

12 На зовнішньому боці стіни, навпроти блоків зі смолоскипами (кроки 10, 11), розташуй три кнопки. Оточи кнопку ліворуч рамками, вкривши ними площу 3х3 блоки. Помісти у центральній рамці стрілку, яка вказуватиме на той чи інший інгредієнт.

14 Тепер усе готово! Натискай усі кнопки з обох сторін варильної стійки, щоб наповнити її водою і розпалити вогнище порошком. Покрути стрілку, поки вона не вкаже на потрібний тобі предмет. Компаратор із протилежного від рамки боку зафіксує напрямок стрілки і подасть сигнал у певному діапазоні, активуючи відповідний роздавач. Звідти предмет через воронку потрапить у варильну стійку.

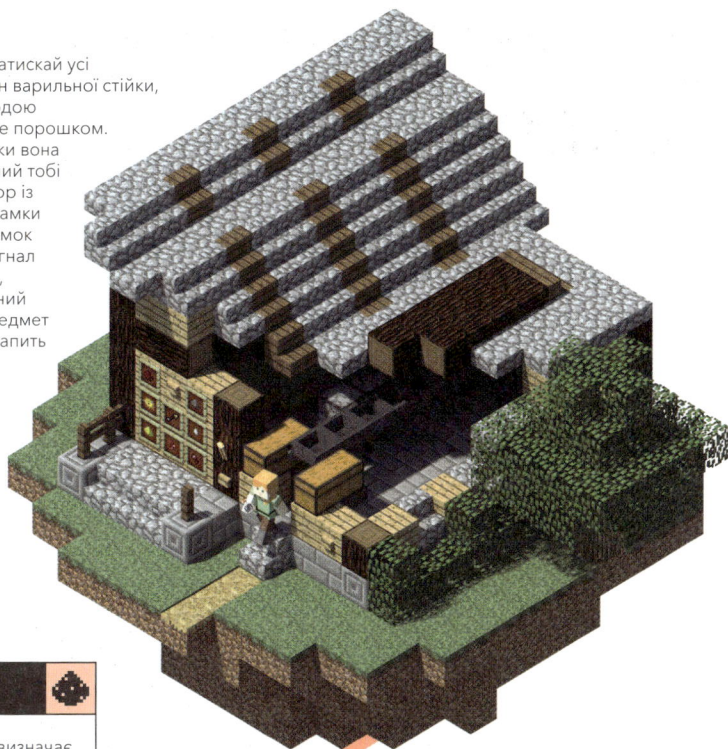

ПІДКАЗКА

У цій схемі компаратор визначає положення стрілки. Компаратори також визначають, скільки шматків пирога залишилося, який запис звучить на програвачі та чи є в рамці порталу Краю око Краю.

13 Розташуй у кожній з рамок певний інгредієнт, потім забезпеч відповідний роздавач необхідною кількістю предметів. Послуговуйся нумерацією, щоб знати, яку позицію активує кожен із дозаторів.

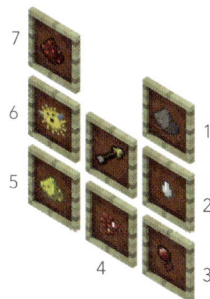

1 – ПОРОХ

2 – СЛЬОЗА ҐАСТА

3 – ОКО ПАВУКА

4 – ПЕКЕЛЬНА БОРОДАВКА

5 – ПИЛ СВІТЛОКАМЕНЮ

6 – РИБА ФУГУ

7 – ЧЕРВОНИЙ ПИЛ

МАЯК ІЗ ЧЕРВОНОГО КАМЕНЮ

Наша остання конструкція поєднуватиме просту циклічну схему з вертикальною передачею, і це буде великий маяк, помітний на багато кілометрів. Ця чудова споруда позначатиме твою територію і освітлюватиме шлях для відвідувачів.

ДЛЯ ЦЬОГО ЗНАДОБЛЯТЬСЯ:

24	54	5	12	97

1 Збудуй вежу будь-якої висоти. На її верхівці встанови платформу завбільшки 8x8 блоків — це буде основа маяка. Видали кутові блоки платформи.

2 Прокладі вздовж периметра платформи червоний контур, залишаючи з кожного боку двоблокові проміжки. В одному з кутів зроби додатковий відступ — так, як показано на малюнку.

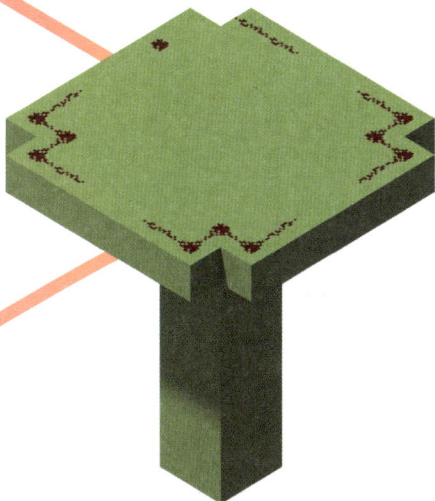

3 Встанови у проміжках контуру тверді блоки зі смолоскипами на бокових гранях. Кількість смолоскипів має бути непарною, щоб сигнал постійно інвертувався.

4 Поруч із одним зі смолоскипів зведи часткову стіну. За допомогою плиток і червоного пилу зроби в ній сходи, після чого стіну можна прибрати.

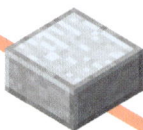

5 Зроби те саме з іншими трьома сторонами платформи, щоб вийшло четверо сходів. Кожні сходи мають по черзі живити одну зі сторін маяка.

6 Периметр платформи оточи суцільним кільцем червоних ламп таким чином, щоб вони були на одній висоті з верхніми сходинками. Роз'єднай лампи, видаливши з кільця чотири наріжні блоки.

8 Наостанок надай будівлі завершеного вигляду. Можеш використовувати часткові блоки (наприклад, сходи й плити), щоб заповнити проміжки навколо контуру. Але роби це обережно, щоб не зрушити сам контур.

7 Проклади на лампах червоний пил і з'єднай його з контуром на сходах. Коли циклічна схема вмикатиме чи вимикатиме одну із секцій, лампи мають так само вмикатися й вимикатися.

ПІСЛЯМОВА

Фух! Тобі вдалося! Сподіваємося, нарешті ти відрізняєш компаратори від повторювачів, а імпульсні схеми — від циклічних і вже знаєш, як ефективно застосовувати воронки, викидачі й рухомі стійки. Якщо все вийде, ти зможеш послуговуватися всією цією наукою для створення пристроїв, придатних для найхитріших операцій, підкорюючи у грі нові висоти і вибухаючи новими ідеями (а також мобами).

Вибір за тобою, можливості просто безмежні. То що ж ти збудуєш? Нам уже кортить це побачити!

МАРШ ДЕВІС,
КОМАНДА MOJANG

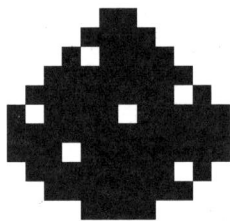